Total Quality Management in
wissenschaftlichen Bibliotheken

Europäische Hochschulschriften
Publications Universitaires Européennes
European University Studies

Reihe XL
Kommunikationswissenschaft und Publizistik

Série XL   Series XL
Media et Journalisme
Communications

Bd./Vol. 73

PETER LANG
Frankfurt am Main · Berlin · Bern · Bruxelles · New York · Oxford · Wien

Alexandra Nelles

Total Quality Management in wissenschaftlichen Bibliotheken

Eine Einführung in das Qualitätsmanagement

PETER LANG
Europäischer Verlag der Wissenschaften

Die Deutsche Bibliothek - CIP-Einheitsaufnahme

Nelles, Alexandra:

Total Quality Management in wissenschaftlichen Bibliotheken :
eine Einführung in das Qualitätsmanagement / Alexandra
Nelles. - Frankfurt am Main ; Berlin ; Bern ; Bruxelles ; New
York ; Oxford ; Wien : Lang, 2000
(Europäische Hochschulschriften : Reihe 40,
Kommunikationswissenschaft und Publizistik ; Bd. 73)

Gedruckt auf alterungsbeständigem,
säurefreiem Papier.

ISSN 0176-3725
ISBN 978-3-631-35942-6

© Peter Lang GmbH
Europäischer Verlag der Wissenschaften
Frankfurt am Main 2000
Alle Rechte vorbehalten.

Printed in Germany 1 2 3 4 5   7

Vorwort

TQM in Spezialbibliotheken? Was bedeutet das für die Arbeitsabläufe, für die Mitarbeiter, für die Nutzer der Bibliothek?

Traditionell eher in der produzierenden Industrie beheimatet wird das Thema „Umfassendes Qualitätsmanagement" oder auch „Total Quality Management" heute in allen Branchen und Industriezweigen umgesetzt. Nach außen sichtbar durch das Zertifikat (z.B. nach DIN EN ISO 9001) zeigen Unternehmen aller Art ihr Qualitätsbewußtsein.

Spezialbibliotheken sind eine spezifische Branche im Bereich der Dienstleistungen. Auf dem Weg in die Wissensgesellschaft haben Bibliotheken und andere Informationsdienstleister eine Schlüsselfunktion. Die Erfolgsfaktoren einer Bibliothek finden sich in ihrer Ausstattung, der Qualifikation des Personals und der Organisation der Arbeitsabläufe. Hier zeigt sich das Qualitätsbewusstsein, messbar durch die Zufriedenheit der Kunden, die die Dienstleistung häufig unmittelbar miterleben oder sogar mitgestalten.

Das vorliegende Buch gibt einen Überblick über die Philosophie des Qualitätsmangements und zeigt eine Auswahl von verschiedenen Methoden und Werkzeugen, die für die Anwendung im Bereich von Bibliotheken geeignet sind. Anwendungsorientiert und praxisnah ist es damit eine wichtige Handreichung für alle Informationsfachleute auf dem Weg zum Qualitätsbewusstsein.

Hannover, im Januar 2000

Prof. Dr.-Ing. Marina Schlünz
Fachhochschule Hannover

Inhaltsverzeichnis

Abbildungsverzeichnis

11

Abkürzungsverzeichnis

DBS	Deutsche Bibliotheksstatistik
FMEA	Fehlermöglichkeits- und -einflußanalyse
FRAP	Frequenz-Relevanz-Analyse
IFLA	International Federation of Library Associations and Institutions
ISO	International Standardization Organization
MBNQA	Malcolm Baldrige National Quality Award
RPZ	Risikoprioritätszahl
QFD	Quality Function Deployment
QM-Handbuch	Qualitätsmanagement-Handbuch
QM-System	Qualitätsmanagement-System

1 Einleitung

In den heutigen Zeiten der immer knapper werdenden finanziellen Mittel und des immer größer werdenden Wettbewerbs suchen immer mehr Unternehmen einen Weg um konkurrenzfähig zu bleiben. Der vollkommene Wandel japanischer Güter von Wegwerfprodukten minderer Qualität hin zu leistungsstarken, am Markt führenden Produkten lenkte die Blicke auf Total Quality Management (im folgenden: TQM). Heute beschäftigt sich nicht nur die produzierende Industrie mit dieser Management-Philosophie, sondern auch immer mehr Dienstleister versuchen die Ideen und Techniken auf ihren Bereich anzuwenden.

Im Rahmen des Projektes "ISO 9000 und Technische Dokumentation" im 5. und 6. Semester kam ich zum ersten mal mit TQM in Berührung. Schnell faszinierte mich der Gedanke, daß diese Management-Methode auch auf wissenschaftliche Bibliotheken anwendbar sein müsse. Im Laufe meines Praktikums stellte ich dann fest, daß die Ideen von TQM an der Edinburgh University Library schon in die alltägliche Arbeit eingeflossen sind, ohne daß sich die Mitarbeiter darüber bewußt sind.[1]

Diese Diplomarbeit richtet sich an alle Mitarbeiter einer Bibliothek die sich etwas näher mit den einzelnen Werkzeugen des TQM auseinandersetzen möchten, ohne dabei zu sehr in die Tiefe zu gehen und mit Fachvokabular aus dem Bereich Betriebswirtschaft erschlagen zu werden.

---

1 So gibt es dort weitreichende Schulungen für alle Mitarbeiter, eine Bibliothekspolitik und dokumentierte Arbeitsabläufe. Auch werden dort jährlich Benutzerumfragen durchgeführt, deren Ergebnisse ausführlich diskutiert werden. Zusätzlich herrscht ein offenes und freundliches Betriebsklima.

Der interessierte Leser findet eine Einführung in das TQM, sowie seine Anwendungsmöglichkeiten für den wissenschaftlichen Bibliotheksbereich. Es wird eine allgemeine Einführung gegeben in die Begriffe des TQM. Neben dem theoretischen Teilen soll aber der eigentliche Nutzen darin liegen, die einzelnen Methoden und Instrumente kennenzulernen, die man nutzen kann um ein Qualitätsmanagement-System (im folgenden: QM-System) zu verwirklichen. Natürlich hat auch diese neue Methode ihre Probleme und sie sollen nicht verschwiegen werden.

Da es sich um eine Einführung handelt können nicht alle Punkte in der Tiefe diskutiert werden. Vielleicht bringt diese Arbeit aber einige auf den Gedanken sich näher mit dem Thema zu beschäftigen, bestimmte Themen zu vertiefen und den Weg zu einem QM-System aufzunehmen.

2 Was versteht man unter Total Quality Management?[2]

TQM ist ein Führungsinstrument, um die Aspekte der Qualität zu planen, zu steuern und zu kontrollieren. Es bietet der Bibliothek ein Konzept zur ständigen Verbesserung des Systems. Dabei konzentriert es sich auf die vollkommene Zufriedenstellung der internen und externen Kunden in einer Management-Umgebung die nach ständiger Verbesserung aller Systeme und Prozesse sucht. Alle Mitarbeiter werden durch Teamarbeit in diesen Prozeß miteinbezogen und durch Schulungen für die Arbeit in einem Qualitätsmanagement-Unternehmen qualifiziert. Schlüsselfaktoren sind die Vermeidung von Fehlern, eine ständige Verbesserung der Organisation und eine Verbesserung der Beziehungen zwischen Mitarbeiter, Kunde und Lieferant.

2.1 Schwerpunkte im Total Quality Management[3]

Es gibt unzählige Versuche eine Definition für TQM zu finden. Tobin definiert TQM als "eine vollständig aufeinander abgestimmte Bemühung durch die ständige Verbesserung jedes Aspektes der Organisationskultur Konkurrenzvorteile zu erreichen"[4].

---

2 Darstellung zu diesem Gliederungspunkt nach Ho, Samuel K. M. (1994), S. 74-89; Mullen, Janet A. (1993), S. 91-108
3 Darstellung zu diesem Gliederungspunkt nach Ho, Samuel K. M. (1994), S. 74-89; Gapen, D. Kayne (1993), S. 15-28
4 zitiert nach Ho, Samuel K. M. (1994), S. 74

Witchers Definition richtet sich an den drei Begriffen Total, Quality und Management aus[5].

Total	Jeder Mitarbeiter der Bibliothek wird mit einbezogen (wo möglich auch der Kunde und der Lieferant)
Quality	Die Kundenanforderungen werden genau erfüllt
Management	Die Geschäftsführung ist voll engagiert

Es gibt viele weitere Definitionsversuche, alle haben allerdings zwei gemeinsame Punkte, die sie in den Mittelpunkt stellen: Die Erfüllung der Kundenwünsche und -bedürfnisse und eine ständige Verbesserung des Systems. Hinzu kommen weitere Punkte wie:[6]

- *Eine vollkommene Verpflichtung der Organisation.*
  Das bedeutet nicht nur auf dem Papier, sondern auch im Arbeitsalltag ein Leben dieser Philosophie in allen Bereichen der Bibliothek und auf allen Ebenen.

- *Eine Verpflichtung über einen längeren Zeitraum.*
  Da die Wirkungsweise des TQM erst nach längerer Zeit erkennbar ist, muß man sich dazu verpflichten TQM über einen längeren Zeitraum zu verfolgen und nicht kurzfristig wieder abzubrechen.

- *Die Qualitätskosten beachten.*
  Die Kosten für das Nichterreichen von Qualitätsanforderungen müssen jedem Mitarbeiter bewußt sein.

---

5 zitiert nach Ho, Samuel K. M. (1994), S. 75
6 vgl. Brophy, Peter (1996), S.32, S.70

- *Eine Zusammenarbeit mit den Lieferanten.*
Dieses ermöglicht ein Ausweiten der Qualitätsverbesserung über die Bibliothek hinaus.

- *Das Vermeiden von Fehlern.*
Statt nur den einzelnen Fehler zu beheben wird der Grund für den Fehler im gesamten Prozeß gesucht und dort behoben. Dadurch ist sichergestellt, daß derselbe Fehler kein zweites Mal aus dem selben Grund auftritt.

- *Ein Erkennen der internen Kunden.*
Wenn die Mitarbeiter als interne Kunden erkannt werden und ihre Bedürfnisse befriedigt werden, so wird sich dieses positiv auf die gesamte Bibliothek und somit auf die externe Kundenzufriedenheit auswirken.

- *Die Bildung von Schlüssel-Leistungsindikatoren.*
Diese ermöglichen es der Bibliothek ihre Leistung zu messen, Verbesserungspotentiale zu erkennen, Kundenzufriedenheit festzustellen und sich mit den Besten der Branche zu vergleichen.

- *Die Beteiligung aller Mitarbeiter wird gefordert.*
Jeder Mitarbeiter wird so eingesetzt, daß seine gesamten Fähigkeiten voll zum Einsatz kommen.

- *Schulung und Weiterbildung.*
Jeder Mitarbeiter der Bibliothek wird in den Techniken und Werkzeugen des Qualitätsmanagements geschult, aber er erhält auch die Möglichkeit zur fachliche Weiterbildung und Entwicklung der sogenannten sozialen Kompetenzen. Auch die Führungskräfte nehmen an den Schulungen teil.

- *Eigenverantwortung der Mitarbeiter.*
  Sie sollen zur selbständigen Verantwortlichkeit für ihren Arbeitsbereich ermächtigt werden. Dieses setzt ein Vertrauen der Vorgesetzten voraus, aber auch die Ermächtigung des Mitarbeiters eigenverantwortlich zu handeln. Durch Belohnung und Anerkennung der Vorgesetzten wird ein solchen Handeln unterstützt und der Mitarbeiter motiviert.

- *Großer Wert der Teamarbeit.*
  Gerade im Bereich der Problemlösung werden Teams eingesetzt.

- *Interne Barrieren zwischen Abteilungen werden eingerissen.*
  Die Kommunikation und der Informationsfluß werden dadurch in der Bibliothek erleichtert.

- *Die Vereinfachung und Standardisierung von Prozessen und Arbeitsabläufen sind ein ständiges Ziel.*

2.2 Der Qualitätsbegriff

Wenn wir über TQM reden muß auch der Begriff Qualität näher betrachtet werden. Schließlich geht es ja um die Verbesserung der Qualität der Bibliothek. In der Norm ISO 8402 wird Qualität definiert als "Gesamtheit von Merkmalen (und Merkmalswerten) einer Einheit bezüglich ihrer Eignung, festgelegte und vorausgesetzte Erfordernisse zu erfüllen".[7] Diese Erfordernisse werden von den Benutzern festgelegt und vorausgesetzt, denn für sie ist die Einheit – die Bibliothek – zuständig. Es gibt aber noch eine Vielzahl von anderen Definitionen für den Begriff Qualität. Christian Malorny[8] hat alleine 30 verschiedene Definitionen zum Qualitäts-

---

7 Qualitätsmanagement und Statistik (1995), S. 35
8 vgl. Malorny, Christian (1994), S. 67-70

begriff zusammengetragen. Alle verschiedenen Definitionen von Qualität laufen allerdings auf eines hinaus: Qualität wird durch den Kunden bestimmt. Er entscheidet, ob etwas gut ist oder nicht und ihn zufrieden zu stellen ist die Aufgabe des Unternehmens.

Fragt man die Benutzer einer Bibliothek nun, was sie unter der Qualität der Bibliothek verstehen, so wird man so viele verschiedene Antworten erhalten, wie man Benutzer befragt. Jeder einzelne sieht die Bibliothek anders und stellt andere Ansprüche an sie. Auch die Mitarbeiter definieren Qualität in unterschiedlichster Weise. Daher ist es besonders wichtig, für die Bibliothek von Anfang an eine einheitliche Definition für den Begriff Qualität zu geben, was die Bibliothek darunter versteht und wie sie versucht diesen Qualitätsstandard zu erreichen. So ist sichergestellt, daß alle Mitarbeiter an einem Strang ziehen.

3 Warum ist Total Quality Management für Bibliotheken interessant?

Die Situation der Bibliotheken wird immer schwieriger. Viele wissenschaftliche Bibliotheken werden aus öffentlicher Hand finanziert. Dazu zählen die Universitätsbibliotheken, die nun zum Teil durch die Einführung eines Globalhaushaltes jedes Jahr erneut um ihre Mittelzuweisungen kämpfen müssen. Aber auch Firmenbibliotheken müssen immer wieder um neue Gelder kämpfen, wenn die Firmenleitung den Vorteil einer gut ausgestatteten und funktionierenden Bibliothek nicht zu schätzen weiß. Neben den geringer werdenden finanziellen Mitteln wird die Flut der Informationen immer größer und vielfältiger. Neben den gedruckten Informationen drängen elektronische Publikationen in Form von CD-Roms oder über das Internet auf den Markt. Bibliotheken müssen also mit schwindenden Mitteln eine komplexer werdende Arbeit leisten. Hinzu kommt ein steigender Konkurrenzdruck durch kommerzielle Informationsvermittler, die konventionelle und elektronische Wege der Informationsübermittlung nutzen, sowie die wachsende Nutzung von Internet durch die Wissenschaftler.

Bibliotheken müssen also versuchen ihre Mittel effektiver einzusetzen und die Geldgeber von ihrem Nutzen zu überzeugen. Welche Vorteile entstehen nun einer Bibliothek durch Einführung eines QM-Systems?

Zum einen kann man den Zeitverlust durch doppelt und mehrfach vollzogene Arbeiten einschränken. Witcher nennt verschiedene Arbeiten zur Korrektur von Qualitätsproblemen, durch die Zeitverluste entstehen. [9] Diese Arbeiten sind:

---

9 vgl. Ho, Samuel K. M. (1994), S. 76

- *Verbessern von Fehlern:*
  zum Beispiel Schreibfehlern in Titelaufnahmen, Rechercheergebnissen oder Briefen.

- *Auffinden unauffindbarer Gegenstände:*
  etwa Bücher, die ein Benutzer nicht gefunden hat, die aber im Regal stehen sollten.

- *Herausfinden, warum Dinge zu spät sind:*
  zum Beispiel verspätete Abonnements.

- *Dinge überprüfen, denen man nicht traut:*
  zum Beispiel das nochmalige signieren von Leihscheinen.

- *Korrektur und Nacharbeiten:*
  zum Beispiel wenn eine falsche Publikation bestellt wurde.

- *Bei Kunden entschuldigen und Reklamationen bearbeiten*

- *Klarheiten schaffen:*
  also klären warum ein Fehler aufgetreten ist, oder wie der Fehler behoben werden kann.

Wenn man diese Probleme beseitigen kann, so steht dem Mitarbeiter mehr Zeit für seine eigentliche Arbeit zur Verfügung.

Ein weiterer Vorteil von TQM besteht darin, daß durch die bessere Dokumentation des Systems die Bibliothek transparenter wird. Dieses hat zur Folge, daß eine Kommunikation mit dem Lieferanten, aber auch mit dem Benutzer und unter den Mitarbeitern wesentlich einfacher ist.

In einem QM-System werden die Mitarbeiter in die Gestaltung der Arbeitsprozesse miteinbezogen. Jeder Mitarbeiter kennt die Ziele seines eigenen Aufgabenbereiches, für den er selber verantwortlich ist, und bekommt ein besseres Verständnis für die Qualität seiner Arbeit. Durch die Anerkennung seiner Arbeit und die Sensibilisierung für den Stellenwert seiner Arbeit, wird er motiviert. Dieses wirkt sich wiederum positiv auf die externe Dienstleistung aus.

Deming hat für das TQM eine Kettenreaktion entworfen die auf Bibliotheken umgesetzt so aussehen könnte:

Verbesserung der Qualität

⇓

weniger Nacharbeit, weniger Verspätungen, weniger Fehler, bessere Ausnutzung der Materialien

⇓

Kosten nehmen ab

⇓

Produktivität steigt an

⇓

auf dem Markt (gegenüber den Geldgebern, und Benutzern) durch gute Qualität und effektiven Mitteleinsatz überzeugen

⇓

Fortbestehen der Bibliothek

⇓

Neue Arbeitsplätze schaffen

Der letzte Punkt "Neue Arbeitsplätze schaffen" wird wohl kaum zu erreichen sein, aber alleine das Sichern des Fortbestehens einer Bibliothek ist heute schon ein wichtiger Schritt.

Das Hauptanliegen von TQM ist neben der ständigen Verbesserung der Organisation die vollkommene Kundenzufriedenheit. Durch ein QM-System wird sichergestellt, das der Kunde wirklich das bekommt, was er von der Bibliothek erwartet und zwar direkt beim ersten Mal und jederzeit wenn er nachfragt. Dieses ist für Bibliotheken sicherlich ein interessanter Punkt. Eine Bibliothek mit einen zufriedenen festen Benutzerstamm, kann davon ausgehen, daß sie auf die Unterstützung dieser Benutzer zählen kann.[10] Besonders wichtig ist dieses, wenn es um Kürzungen oder Neuanschaffungen geht, aber auch auf dem Gebiet der allgemeinen Anerkennung der Bibliothekseinrichtung. Wenn es sich bei den zufriedenen Benutzern um Entscheidungsträger handelt ist deren Wohlwollen für die Bibliothek von besonderer Bedeutung. Dieses darf allerdings nicht zu einer Bevorzugung dieser Benutzergruppe führen.

Läßt sich eine Bibliothek schließlich nach ISO 90001 oder 90002 zertifizieren, so sichert dieses das Vertrauen des Benutzers. Ein Zertifikat ist der Beweis, daß die Bibliothek fähig ist qualitativ gute Dienstleistungen zu erbringen und die vorhandenen Mittel effektiv einsetzt. Außerdem kann ein Zertifikat auch ein gutes Werbemittel sein. Die Bibliothek wird dadurch in das Rampenlicht der Öffentlichkeit gerückt und macht auf sich und seine Dienste aufmerksam.

Die Vorteile eines QM-Systems kommen allerdings nur dann zum tragen, wenn die Bibliothek von vornherein mit der richtigen Grundvoraussetzung das System einführen will. Möchte die Bibliothek das Zertifikat nur aus Prestigegründen oder um mehr

---

10 Auf dem 86. Deutschen Bibliothekartag in Erlangen hielt Richard Parker einen Vortrag mit dem Titel "Großartiger Service – Schade um den Bestand: Ergebnisse einer Benutzerumfrage an der Universität Warwick" . Dort fand man in einer großangelegten Benutzerumfragung heraus, daß die Benutzer der Bibliothek mit den Räumlichkeiten nicht zufrieden waren. Die Universitätsleitung ließ sich von der Umfrage jedoch nicht beeindrukken. Erst als die Studenten sich massiv für einen Neubau einsetzten (Streik) wurde der Neubau bewilligt. Dieses zeigt auch auf, welche Macht hinter Benutzern stehen, die den Sinn und Zweck der Bibliothek erkannt haben und hinter ihr stehen.

Disziplin unter den Mitarbeitern zu erreichen, so ist dieses der falsche Weg. Man wird feststellen müssen, daß die Vorteile eines QM-Systems nur dann eintreten, wenn alle Mitarbeiter auch wirklich an den gesetzten Zielen arbeiten.

4 Geschichte des Total Quality Management

4.1 Die Geschichte des Qualitätsmanagements im Allgemeinen

Die Geschichte des TQM begann vor mehr als 60 Jahren in den Bell Laboratories. William Shewart und W. Edwards Deming arbeiteten dort zusammen an statistischen Kontrollen und wollten durch diese Kontrollen den eigentlichen Arbeitsprozeß verstehen lernen. Unter *Qualitätskontrolle* versteht man die Kontrolle eines Produktes auf dessen Eignung für den Endverbraucher hin. Es handelt sich also einfach um eine Prüfung, ob das Produkt den gesetzten Standards entspricht oder nicht. Entspricht das Produkt nicht den Anforderungen, so wird es nicht an den Endverbraucher weitergegeben, aber es werden keine weiteren Maßnahmen ergriffen. Es wurde zwar eine Null-Fehler-Produktion angestrebt, aber mit einer Fehlerquote von 1 % wurde immer gerechnet.

1983 macht Feigenbaum darauf aufmerksam, daß die Kosten verringert werden könnten, wenn das Produkt oder die Dienstleistung schon beim ersten Mal fehlerfrei produziert werden. Es fand ein Wechsel von der Inspektion zur Prävention statt. Die Qualitätskontrolle fand nun während des Produktionsprozesses statt und nannte sich fortan *Qualitätssicherung*. Unter Qualitätssicherung versteht man alle geplanten und systematischen Tätigkeiten die notwendig sind, um angemessenes Vertrauen zu schaffen, daß ein Produkt oder eine Dienstleistung die gestellten Anforderungen in qualitativer Hinsicht erfüllt. Die Kontrolle verlagert sich also von dem Endprodukt in den Arbeitsprozeß. Wenn nun ein Fehler entdeckt wird, so wird versucht die Ursache dafür zu erkennen und den Prozeß so umzugestalten, das zukünftige Fehler vermieden werden. Um die festgelegten Anforderungen erfüllen zu können, mußten Standards, Vorschriften und Prozesse stärker betont werden.

Die Anforderungen an ein System der Qualitätssicherung werden ausführlich in den *ISO Normen* aufgeführt. Allerdings streben die Normen immer nur eine Verbesserung des Produktes oder der Dienstleistung an. Eine Weiterentwicklung ist das *Total Quality Management*.

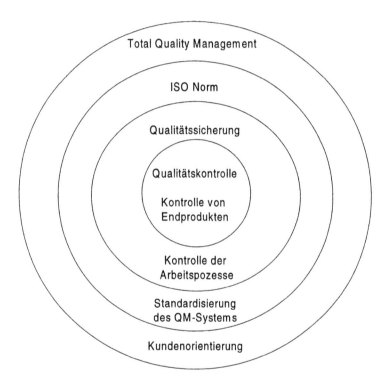

Abb. 1:   Entwicklung des TQM

4.2 Geschichte des Total Quality Managements im Bibliotheksbereich[11]

Bislang haben Bibliothekare noch nicht in die Euphorie der produzierenden Unternehmen über TQM eingestimmt. Seit 1988 ist die Zahl der Veröffentlichungen zu TQM im allgemeinen sprunghaft angestiegen, in bibliothekarischen Datenbanken hingegen war diese Entwicklung nur abgeschwächt zu erkennen. Jedoch diskutieren auch Bibliothekare über die Qualität ihrer Produkte und Dienstleistungen.

Annual number of publications

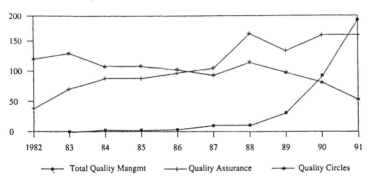

Abb. 2: Jährliche Anzahl der Publikationen zu Management Literatur insgesamt

Die Qualitätsdiskussion begann auch im Bibliotheksbereich mit der Qualitätskontrolle, also einer Kontrolle des Endproduktes auf dessen Tauglichkeit für den Endverbraucher. Die ersten Diskussionen von Qualität begannen im Bereich der Online-Daten-

---

11 Darstellung zu diesem Gliederungspunkt nach Brockmann, John R. (1992), S. 283-288

31

banken. Die Kontrolle bestand aus einer automatischen Rechtschreibprüfung der Datenbank, in einer Korrektur von Punktuationen und Großschreibungen, einer Entwicklung einheitlicher Ansetzungen der bibliographischen Datensätze und einer Dublettenidentifikation und -elimination.

In Bibliotheken findet man diese Art der Qualitätskontrolle noch heute. Zum Beispiel bei der Kontrolle, ob die richtigen Bücher geliefert wurden.

Der Qualitätskontrolle folgte wie auch im produzierendem Bereich die Qualitätssicherung. Dabei wird die Kontrolle vom Endprodukt auf den gesamten Arbeitsprozeß verlegt. Wird nun ein Fehler erkannt, so wird dieser Prozeß neu überdacht. Durch eine Änderung dieses Prozesses versucht man das erneute Auftreten des Fehlers zu vermeiden. Dabei werden Qualitätsmanagementwerkzeuge wie die statistische Qualitätskontrolle und das Fischgrät-Diagramm angewandt. So wird schon im Bereich der Bücherfalschlieferung nach den Ursachen der aufgetretenen Fehler gesucht. Warum wurde das falsche Buch geliefert und wie ist dieses in Zukunft zu vermeiden?, statt es einfach wieder zurück zu senden.

Dabei ist auf dem Bibliothekssektor eine Zweiteilung zu erkennen. Zum einen in Bibliotheken, deren Mutterorganisationen sich nach ISO 9000 haben zertifizieren lassen und zum anderen in Bibliotheken, die von sich aus eine Zertifizierung anstreben. In der ersten Kategorie wird man hauptsächlich Spezialbibliotheken innerhalb von Industriefirmen finden.In diesem Bereich erscheinen aber auch viele Universitätsbibliotheken aus dem angelsächsischen Raum.

Für die Bibliotheken, die sich mit dem Thema Qualitätssicherung beschäftigen stellt sich dann die Frage, ob eine Zertifizierung ausreicht, oder ob nicht eher eine vollständige kulturelle Wende notwendig ist. Dieses führt zu der Beschäftigung mit TQM. Man kann sagen, daß TQM die Anforderungen an ein QM-System stellt und die Qualitätssicherung zeigt, ob diese Anforderungen auch erfüllt werden.

Annual number of publications

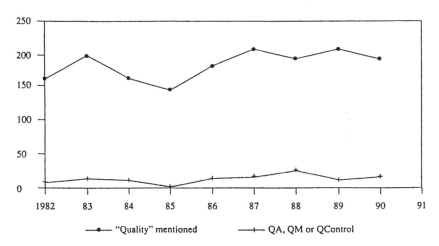

Abb. 3: Jährliche Anzahl der Publikationen im Bereich der Bibliotheks- und Informationswissenschaften

Auch im deutschen Bibliothekswesen fängt man langsam an, sich mit dem Thema Qualitätsmanagement auseinanderzusetzen. Zum einen hängt dieses sicherlich mit der schlechten finanziellen Lage zusammen. Bibliotheken sind immer mehr darauf angewiesen ihre Leistungsfähigkeit unter Beweis zu stellen und mit Einführung von Globalhaushalten müssen sie nun auch um Geldmittel kämpfen. Immer mehr Konferenzen stehen unter dem Thema Qualitätsmanagement, im Deutschen Bibliotheks Institut (im folgendem: Dbi) wurde eine Arbeitsstelle zu diesem Thema eingerichtet und erste Informationsdienstleister haben sich zertifizieren lassen

(FIZ Chemie GmbH[12]). Allerdings findet man in Deutschland eine sehr starke Gewichtung auf dem Bereich der Leistungsmessung und der Kosten-Nutzen-Analyse. Auch an dieser Gewichtung ist zu erkennen aus welchem Grund Bibliotheken in Deutschland sich mit TQM beschäftigen. Dabei zeichnet sich TQM jedoch gerade durch das Zusammenspiel der verschiedenen Einflußfaktoren aus, die bis jetzt immer nur einzeln in Bibliotheken angewandt wurden. Dazu zählen zum Beispiel die Benutzerumfrage, die Schulung, Teamarbeit, aber auch neue Ideen wie eine ständige Verbesserung der Organisation, der Vergleich mit anderen Bibliotheken, Kundenzufriedenheit und eine Verpflichtung der Bibliotheksleitung und der Mitarbeiter über einen längeren Zeitraum die gesetzten Ziele zu verfolgen.

---

12 vgl. Qualitätsmanagement: FIZ Chemie ist ISO 9001-zertifiziert (1997) S. 931-932

34

5 ISO 9000 ff. und Total Quality Management

5.1 Was ist die ISO 9000 ff.?

Die ISO 9000 bis 9004 sind Normen für den Aufbau und die Beschreibung eines QM-Systems. Sie gelten national und international und sollen den Unternehmen als Hilfsmittel dienen ein QM-System aufzubauen. Die Normen der 9000er Serie liegen in einer überarbeiteten Fassung von 1994 vor und wurde von der International Standardization Organization (im folgenden: ISO) herausgegeben.

Die ISO 9000 trägt den Titel "Normen zum Qualitätsmanagement und zur Qualitätssicherung / QM-Darlegung". Sie enthält einen Leitfaden für die Auswahl und die Anwendung der Normen 9001 bis 9003 und wird daher immer in Verbindung mit einer dieser Normen genutzt.

Die ISO 9001 bis 9003 enthalten Modelle für QM-Systeme verschiedener Unternehmen. ISO 9001 lautet "Qualitätsmanagementsysteme, Modell zur Qualitätssicherung / QM-Darlegung in Design, Entwicklung, Produktion, Montage und Wartung" ISO 9002 trägt den Titel "Qualitätsmanagementsysteme, Modell zur Darlegung des Qualitätsmanagementsystems in Produktion, Montage und Wartung". ISO 9003 schließlich heißt "Qualitätsmanagementsysteme, Modell zur Qualitässicherung / QM-Darlegung bei der Endprüfung". Die Unterschiede liegen darin, daß ISO 9001 den Rahmen für eine Organisation bildet, bei der die Entwicklung und die Dienstleistung eine große Rolle spielen. Unternehmen bei denen die Entwicklung und die Dienstleistung nicht im Vordergrund stehen verwenden hingegen die ISO 9002 für den Aufbau eines QM-System. ISO 9003 schließlich bietet sich für Organisationen an, die sich auf die Inspektion und das Testen von Produkten und Dienstleistungen anderer spezialisiert haben.

	Elemente	9001	9002	9003
1	Verantwortung der obersten Leitung	X	X	X
2	Qualitätsmanagementsystem	X	X	X
3	Vertragsprüfung	X	X	X
4	Designlenkung	X		
5	Lenkung der Dokumente und Daten	X	X	X
6	Baschaffung	X	X	
7	Lenkung der vom kunden beigestellten Produkte	X	X	X
8	Kennzeichnung und Rückverfolgbarkeit von Produkten	X	X	X
9	Prozeßlenkung	X	X	
10	Prüfungen	X	X	X
11	Prüfmittelüberwachung	X	X	X
12	Prüfstatus	X	X	X
13	Lenkung fehlerhafter Produkte	X	X	X
14	Korrektur- und Vorbeugungsmaßnahmen	X	X	X
15	Handhabung, Lagerung, Verpackung, Konservierung und Versand	X	X	X
16	Lenkung von Qualitätsaufzeichnungen	X	X	X
17	Interne Qualitätsaudits	X	X	X
18	Schulung	X	X	X
19	Wartung	X		
20	Statistische Methoden	X	X	X

Abb. 4:   Unterschiede zwischen ISO 9001, 9002 und 9003

Es hängt also von dem jeweiligen Typ der Organisation ab, welche Norm sie als Grundlage für die Zertifizierung wählt. Ellis und Norton empfehlen in ihrer Publikation "Implementing BS EN ISO 9000 in Libraries" für Bibliotheken die Norm ISO 9002[13], dahingegen erwähnt Johannsen, daß ISO 9001 für die Bibliotheken die gebräuchlichere Norm scheint, da die individuellen Bedürfnisse der Benutzer auch eine individuelle Beratung verlangen.[14] Für die Autoren der Publikation "ISO 9000 for libraries and information centres" fällt unter das Element 4.4 der ISO "Designlenkung" eine komplizierte Datenbankrecherche, deren Ergebnisse weiterverwendet werden oder die zur Verfügung Stellung von Material um

---

13 vgl. Ellis, Debie (1996), S. 9
14 vgl. Johannsen, Carl G. (1995a), S. 231

ein Informations-System aufzubauen. Das Aufbauen eines eigenen Schlagwortkatalogs oder eigener Thesauri zählt für sie nicht zu diesem Element.[15] Im ersten Fall würde die ISO 9001 im zweiten die ISO 9002 gewählt werden.

Während die Normen 9001 bis 9003 hauptsächlich als Grundlage für die Zertifizierung eines Unternehmens dienen, liefert die ISO 9004 einen allgemeinen Leitfaden, wie ein QM-System aufgebaut werden kann. Die Norm beschreibt verschiedene Elemente die ein QM-System umfassen sollte, sie setzt allerdings nicht fest, wie das Unternehmen diese Elemente umsetzen soll. Insgesamt werden 20 Elemente genannt, jedes dieser Elemente muß im Hinblick auf die Ziele, Prozesse, Produkte und Dienstleistungen der Organisation geprüft und umgesetzt werden. Scheint ein Element nicht notwendig zu sein, so kann es auch unberücksichtigt bleiben. Unter dem Punkt "Qualitätsmanagementsystem" heißt es hierzu "Dazu sollen die in diesem Teil von ISO 9004 geschilderten geeigneten Elemente in Betracht gezogen werden."[16]

Für Bibliotheken interessant ist der Teil 2 der Norm. Hierbei handelt es sich um einen speziellen Leitfaden für Dienstleister.

Neben der Aufgabe als Hilfsmittel für den Aufbau eines QM-Systems zu dienen hat die Norm noch die Aufgabe als Grundlage für die Zertifizierung zu dienen (siehe Kapitel 6.4.6). Hinter der Norm steht hierbei der Gedanke, daß man nicht jedes einzelne Produkt und jede einzelne Dienstleistung, die den Kunden erreicht auf seine Qualität überprüfen kann. Also prüft man das System in dem produziert wird und stellt so eine gleichbleibende Qualität der Produkte und Dienstleistungen her.

---

15 vgl. NORDINFO (1996), S. 16
16 Qualitätsmanagement und Statistik (1995), S. 134

5.2 Unterschiede zwischen ISO 9000 ff. und Total Quality Management

Oft wird TQM mit der ISO 9000er Reihe gleichgesetzt. Dieses ist jedoch falsch, da die Anforderungen des TQM über die Anforderungen der Norm hinausgehen.

Hinter TQM verbirgt sich das Zusammenspiel einer Management-Philosophie und neuer Management-Werkzeuge. Dort wird der Kunde in den Mittelpunkt gestellt. Dabei bezieht man sich nicht nur auf externe, sondern auch auf interne Kunden. In jeder Bibliothek ist der Mitarbeiter der Kunde eines anderen Mitarbeiters. So ist der Auskunftsbibliothekar etwa auf die Katalogisate der Katalogisierungsabteilung angewiesen.

Ein weiterer Punkt, der beim TQM stärker berücksichtigt wird, ist das Einbeziehen aller Mitarbeiter in das System. Es wird ein großer Wert auf die Selbständigkeit von Mitarbeitern gelegt. In der ISO zeichnet einzig und allein die Unternehmensleitung verantwortlich für die Qualität der Produkte und Dienstleistungen.

5.3 Vorbehalte gegen die ISO 9000 ff.

Die Norm stammt ursprünglich aus dem militärischen Bereich. Sie wurde dann für den produzierenden Bereich übernommen und dieses merkt man deutlich an der Sprache der Norm. Durch die mangelnde Bereitschaft die Norm eingehend hinsichtlich ihrer Eignung für den Bibliotheksbereich zu interpretieren sind daher falsche Vorstellungen entstanden.

Viele glauben, wenn man ein QM-System nach ISO 9001 oder 9002 einrichtet, so würde dieses die Flexibilität der Bibliothek beeinträchtigen. Diese Vorstellung geht davon aus, daß man sich stur an den Elementen der Norm orientiert und dadurch in seiner

Handlungsweise gebunden ist. Diese Meinung ist allerdings falsch, denn die Norm gibt nirgends eine Anweisung, wie die Elemente zu erfüllen sind oder schreibt irgendwo vor, daß alle Elemente erfüllt sein müssen. Jede Bibliothek kann also individuell entscheiden welche Elemente sie anwendet und wie sie die Elemente interpretiert.

Ein Ziel der Norm ist eine Vereinheitlichung der Arbeitsprozesse. Auch dieses stößt bei vielen Mitarbeitern auf Widerstand, da sie die Forderung falsch interpretieren. Hier ist nicht das Gleichmachen aller Arbeitsabläufe gemeint, sondern nur der Arbeiten, bei denen dieses möglich ist und sinnvoll erscheint. Außerdem sollen keine neuen Arbeitsabläufe geschaffen werden, sondern es wird lediglich Bestehendes schriftlich fixiert. Im Bibliotheksbereich gibt es viele Arbeiten, die immer nach dem gleichen Muster ablaufen. Hier sind zum Beispiel die Bearbeitung einer Fernleihe, das Ausstellen eines Benutzerausweises oder das Verbuchen einer Publikation zu nennen. Der Zweck der Standardisierung ist nun, daß sich alle Mitarbeiter zusammensetzen und einen einheitlichen Arbeitsablauf für diesen Arbeitsgang festlegen, an dem sich alle Mitarbeiter orientieren können. Für andere Dienstleistungen im Bibliotheksbereich ist dieses allerdings nicht möglich. Im Auskunftsdienst etwa verlangt jede neue Frage ein anderes Vorgehen von dem Mitarbeiter.

Die ISO fordert eine ausführliche Dokumentation des QM-Systems. Die Dokumentation aller Arbeitsabläufe, die Verpflichtung ein Qualitätsmanage-ment-Handbuch (im folgenden: QM-Handbuch) zu erstellen und die Anforderung alle Dokumente schriftlich niederzulegen und zu verwalten bedingt ein hohes Maß an Verwaltungsaufwand. Hierzu ist anzumerken, daß ein Handbuch, Arbeitsabläufe und Arbeitsanweisungen den Mitarbeitern als Hilfsmittel bei ihrer Arbeit dienen. In viele Arbeitsbereichen der Bibliotheken finden sich schon entsprechende Dokumente. Sie können als Schulungsunterlagen dienen und zeigen auf, wo

Fehlerquellen liegen, also Verbesserungspotentiale bestehen. Außerdem handelt es sich bei dem QM-Handbuch eher um eine kurze Zusammenstellung der Qualitätspolitik als um eine ausführliche Dokumentation des gesamten Bibliothekssystems.

Ein weiteres Argument ist häufig, daß die Einführung eines QM-Systems nach ISO zu zeitaufwendig sei. Es ist sicherlich zu Beginn für die Mitarbeiter eine zusätzliche Belastung, die Arbeitsabläufe niederzuschreiben, Schulungen zu besuchen und sich mit den Techniken des TQM auseinander zu setzen. Die Vorteile werden erst dann sichtbar werden, wenn die gesamte Bibliothek nach den Prinzipien des TQM arbeitet und die Maßnahmen wirkung zeigen. Einen Zeitverlust durch Mehrarbeit aufgrund notwendiger Fehlerkorrekturen oder uneffektiver Gestaltung von Arbeitsabläufen wird es dann nicht mehr geben.

Trotz all dieser Vorbehalte beschäftigen sich immer mehr Bibliotheken mit der Norm und nutzen sie als eine Mittel zu einer besseren Qualität ihrer Organisation. Eine Umfrage der British Library im Jahre 1992 ergab, daß sich 17 % der Öffentlichen Bibliotheken und 10 % der Wissenschaftlichen Bibliotheken in Großbritannien im Herbst 1992 mit der Einführung von ISO 9000 befaßten.[17]

---

17 vgl. Johannsen, Carl G. (1994), S. 237

6 Instrumente des Qualitätsmanagements[18]

Um die Philosophie des TQM umzusetzen ist der Einsatz bestimmter Instrumente von Nutzen. Diese Instrumente lassen sich nach Lehman (1993) in einem Regelkreis darstellen, der aus vier Phasen besteht: der Qualitätsplanung, Qualitätslenkung, Qualitätsprüfung und Qualitätsdarlegung. Im folgenden soll nun auf die einzelnen Phasen und ihre Instrumente eingegangen werden. Dabei werden zur besseren Verständlichkeit Beispiele aus der Literatur des Bibliothekswesens gebracht. Auf das Gestalten von fiktiven Beispielen wurde im Rahmen dieser Arbeit verzichtet.

6.1 Qualitätsplanung

Die DGQ definiert Qualitätsplanung wie folgt: "Auswählen, Klassifizieren und Gewichten der Qualitätsmerkmale sowie schrittweise Konkretisierung aller Einzelforderungen an die Beschaffenheit zu Realisierungsspezifikationen, und zwar im Hinblick auf die durch den Zweck der Einheit gegebenen Erfordernisse, auf die Anspruchsklasse und unter Berücksichtigung der Realisierungsmöglichkeiten"[19].

Dieses bedeutet, daß bei der Qualitätsplanung nicht die Qualität geplant wird, sondern die Anforderungen an die Qualität. Wie geht man nun im einzelnen bei dieser Planung vor? Zum einen muß man die Qualitätsposition der Bibliothek bestimmen. Die Erwartungen der Nutzer müssen im Hinblick auf die Produkt- und

---

18 Darstellung zu diesem Gliederungspunkt nach Bruhn, Manfred (1996), S. 107-150
19 DGQ (1993), S.85

Leistungsqualität ermittelt werden, die konkreten Ziele sind aufzustellen und Konzepte zur Verwirklichung dieser Ziele müssen
entwickelt werden.

Man kann zwischen der strategischen und der operativen Qualitätsplanung unterscheiden. Die strategische Qualitätsplanung bezieht sich auf den Rahmen innerhalb dessen die Organisation
handelt, die operative Qualitätsplanung hingegen ermittelt die
konkreten Anforderungen anhand derer man die Dienstleistungen
und Produkte entwickeln und anbieten kann.

6.1.1 Strategische Qualitätsplanung[20]

Bei der strategischen Qualitätsplanung werden grundsätzliche
Absichten und Zielsetzungen im Hinblick auf die Qualität von
Dienstleistungen und Produkten definiert. Dabei ist von Anfang
an darauf zu achten, daß alle Mitarbeiter in den Prozeß der Ziel-
findung und Absichtserklärung mit eingebunden werden. Nur so
ist sicherzustellen, daß die Ziele später auch ernst genommen
werden.

6.1.1.1. Auftragsformulierung

Am Anfang steht die Auftragsformulierung (Mission) der Organisation. Sie beschreibt formal die Rahmenbedingungen, definiert
welches die primären Kunden sind und welche grundlegenden
Dienste angeboten werden sollen. Neben einer Beschreibung des
IST-Zustandes definiert sie auch einen SOLL-Zustand. Die Auftragsformulierung sollte niemals starr sein, sondern als Anregung
zu einem kreativen Wachsen verstanden werden. Sie ist die Vor-

---

20 Darstellung zu diesem Gliederungspunkt nach: Boelke, Joanne H. (1995),
S. 43-83; Riggs, Donald E. (1993b), S. 93-105

aussetzung für die Formulierung von Qualitätszielen, Nahzielen, Strategien und der Qualitätspolitik. Hier setzt auch die Verantwortung der Bibliotheksleitung ein. Sie ist für die Formulierung des Auftrags zuständig und sollte die dahinter stehende Philosophie vorleben. Die Bibliotheksleitung hat sich auch dafür einzusetzen, daß allen Mitarbeitern diese Auftragsformulierung nahegebracht wird und sie so aktiv an der Findung der Nahziele teilnehmen können. Das soll allerdings nicht heißen, daß die Leitung der Bibliothek sich die Auftragsformulierung alleine ausdenkt und dann den Mitarbeitern die Umsetzung überläßt. Vielmehr setzt hier schon eine Einbeziehung der Mitarbeiter und der Bibliotheksbenutzer ein. Man hat festgestellt, daß die Bibliotheksleitung, wenn sie selber für die Festlegung des Leitbildes zuständig ist, dazu tendiert, hauptsächlich Managementaufgaben zu beschreiben. Wird nur den Mitarbeitern diese Aufgabe übertragen, so beschreiben diese meistens nur ihr eigenes Aufgabengebiet. Wenn man also nun schon an dieser Stelle alle am Informationsprozeß Beteiligten mit einbezieht, dann erhält man ein Leitbild, daß für alle befriedigend ist. Außerdem regt dieses Vorgehen die grundsätzliche Diskussion an, worin die Aufgaben und Pflichten der Bibliothek bestehen. Hilfestellungen findet der Bibliothekar in zahlreichen amerikanischen und englischen Formulierungen von Leitbildern und in der Publikation "Bibliotheken 93" der Bundesvereinigung Deutscher Bibliotheksverbände. Die Arbeitsgruppe Bibliotheksmanagement des Dbi hat dazu aufgerufen Leitbilder von Bibliotheken einzusenden und stellt diese gerne dem interessierten Bibliothekar zur Verfügung.

Die International Federation of Library Associations and Institutions (im folgenden: IFLA) faßt den Auftrag einer Universitätsbibliothek wie folgt zusammen: "to select, collect, organize and provide access to information for users, in the first place for the primary user group, namely the members of the institution".[21]

---

21 Poll, Roswitha (1996), S.13

6.1.1.2 Qualitätsziele

Aus der Auftragsformulierung ergeben sich die Qualitätsziele der Bibliothek. Sie sind immer langfristig angelegt (2 bis 5 Jahre), was allerdings nicht bedeutet, daß sie nicht veränderbar sind. Wenn festgestellt wird, daß ein Qualitätsziel nicht mehr den Benutzerwünschen entspricht, so muß man es aus seinem Plan herausnehmen und durch neue Qualitätsziele ersetzen. Dabei ist darauf zu achten, daß die Qualitätsziele sich immer im Rahmen des eigentlichen Bibliotheksauftrags bewegen und mit diesem vereinbar sind. Die Qualitätsziele enthalten allgemeine Erklärungen zu Leistungen die man sich wünscht und anstrebt und dienen dazu, den Auftrag der Organisation zu erfüllen.

Die Qualitätsziele sollten von einem Team erarbeitet werden, daß sich schon näher mit TQMt befaßt hat. Niemals sollten sie von einer einzelnen Person im Büro fernab der Realität erfunden werden. Wichtig ist, daß sie später auf Nahziele umsetzbar sind.

Die IFLA schlägt in ihrer Publikation einige Qualitätsziele vor, die zur Erfüllung des definierten Auftrags notwendig sind[22]:

Zum Beispiel:

- *Bestand*
  - Alle Arten von Information zur Verfügung zu stellen: von gedruckten Materialien und Mikrofilmen zu Audiovisuellem Material, Tonaufnahmen, Material in maschinenlesbarer Form (Software) etc.

- *Zugriff*
  - Den Benutzer über den bestehenden Bestand informieren, und zwar anhand des Katalogs, der ausführlich, aktuell und

---

22 vgl. Poll, Roswitha (1996), S. 13-14

44

leicht zu gebrauchen ist, und in dem zur gleichen Zeit von mehreren Nutzern recherchiert werden kann.

- Den Zugang zum Material hauptsächlich in Freihandaufstellung zu ermöglichen, soweit dieses im Einverständnis mit der Erhaltung des Materials steht.
- Den schnellen Zugang zu Material aus geschlossenen Magazinen sicherstellen.
- Öffnungszeiten, die mit berechtigten Forderungen der Nutzer übereinstimmen, anbieten.
- Freien Zugang anbieten, für die grundlegenden Dienstleistungen der Bibliothek keine Gebühren erheben.
- Dienstleistungen sicherstellen, die für die primären Nutzer leicht zu erreichen sind und einen guten Zugang für behinderte Personen ermöglichen.
- Schnellen Zugang zu Material anbieten, daß nicht im eigenen Bestand ist, aber außerhalb verfügbar ist.

- *Nutzung vor Ort*
  - Ausreichenden Platz und Möglichkeiten für das Studium und die Forschung in der Bibliothek bereitstellen.
  - Eine angemessene technische Ausstattung für den Gebrauch von Nicht-Print-Medien bereitstellen.

- *Nutzerschulung*
  - Information der Öffentlichkeit über die Dienste der Bibliothek.
  - Anleitung und persönliche Beratung des Nutzers bei der Suche nach gewünschte Informationen in der Bibliothek oder anderen Wissensspeichern.
  - Verfügbarhaltung angemessener Informationsdienste in gedruckter und elektronischer Form.

- *Lagerung und Erhaltung*
  - Das erworbene Material solange aufbewahren, wie es für die Forschungsarbeit in der Organisation oder für anderen

Bereiche (z.B. Spezialsammlungen) der Bibliothek relevant ist

- Eine sichere und angemessene Lagerung des gesamten Materials ermöglichen
- Sorge um die Bestandserhaltung und Konservierung von seltenem Materia

Um diese Qualitätsziele zu erreichen

- wenden Universitätsbibliotheken ihre Ressourcen kosteneffektiv an und gebrauchen neue Managementtechniken

- Übernehmen sie – so weit möglich – nützliche neue Technologien

- Nehmen sie an kooperativen Programmen teil, um den Bestand der Bibliothek und die Reichweite der Dienstleistungen zu verbessern

- Ermöglichen sie es ihren Mitarbeitern das notwendige Wissen über neues Informationsmaterial und neue Informationstechniken zu erlangen

6.1.1.3 Nahziele

Die Qualitätsziele werden zu den sogenannten Nahzielen weiter spezialisiert. Diese konkreten Nahziele müssen im Einklang mit dem Auftrag stehen, konzentrieren sich aber wesentlich mehr auf die internen Abläufe der Bibliothek. Nahziele zeichnen sich dadurch aus, daß sie quantitativ erfaßbar sind. Dieses kann in Form von Kosten, Zeit, Verhältnis und prozentual, erfolgen. Nur dadurch ist feststellbar, ob die Nahziele erreicht wurden. (Auf die Messung von Zielen wird im Kapitel 6.3.3 "Bibliotheksstatistik undLeistungsmessung" näher eingegangen.) Ein weiterer Gedanke ist, daß die Nahziele realisierbar sein müssen. Das bedeutet, die benötigten Ressourcen wie Zeit, Wissen und Geld müssen vorhanden sein. Ein Nahziel steht nie alleine, es hat immer einen Bezug zu anderen Nahzielen, ist von diesen abhängig oder führt mit einer Reihe von anderen Nahzielen zur Erreichung eines Qualitätsziels. Trotz dieser engen Verbindungen untereinander muß es jederzeit möglich sein, das einzelne Nahziel bei unvorhergesehenen Ereignissen zu ändern. Dadurch, daß sie ein gewisse Herausforderung an den Mitarbeiter stellen (dieser soll das gesetzte Ziel erreichen) können Nahziele auch motivieren. Um zu vermeiden, daß die Nahziele realitätsfremd sind, sollten an der Erstellung die Mitarbeiter beteiligt sein, die später von diesen Zielsetzungen betroffen sind. Sind die Mitarbeiter aktiv an der Findung der Nahziele beteiligt, setzt dieses natürlich voraus, daß ihnen der Auftrag und die Qualitätsziele der Organisation bekannt sind. Es führt aber auch dazu, daß jeder Mitarbeiter die für ihn relevanten Nahziele kennt und versteht und sich dadurch auch für ihr Erreichen stark macht.

Beispiele für Nahziele sind:

• Die Verlängerung der Öffnungszeiten
• Die Verkürzung der Fernleihbestellung um X Prozent
• Das schnellere Zurückstellen ausgeliehener Bücher
• Aufstellen von mehr Kopiergeräten, um die Wartezeit zu verringern
• Reduzieren der Verweildauer im Zeitschriftenumlauf, um einen schneller Umlauf zu erlangen

Ist der Rahmen für das TQM durch die strategische Planung gesteckt, so bietet die operative Planung die Möglichkeit konkrete Anforderungen an die entsprechenden Dienstleistungen und Produkte zu ermitteln.

6.1.2 Operative Qualitätsplanung

Hier stehen dem Bibliothekar nun eine Fülle von Instrumenten zur Verfügung, die ihm helfen sollen, die konkreten Anforderungen an die Bibliothek zu erkennen.

6.1.2.1 SERVQUAL-Methode

Zum einen die SERVQUAL-Methode. Mit ihr werden Leistungskriterien sowie generelle Zufriedenheitsmaße und unternehmensinterne Bestimmungsfaktoren der Dienstleistungsqualität aus der Kundensicht ermittelt. Als Grundlage dienen Fokusgruppeninterviews mit Bibliotheksbenutzern und Experten. Aus diesen werden dann Fragebögen gebildet, die feststellen, welche Qualitätskriterien für den Nutzer der Bibliothek von Bedeutung sind.

Parasuraman führte 1988 eine solche SERVQUAL-Untersuchung im Dienstleistungsbereich durch. Dabei entdeckte er, daß Kunden – unabhängig vom jeweiligen Typ der Dienstleistung – immer ähnliche Kriterien für die Bewertung der Qualität benutzten. Diese sind im einzelnen:

Genauigkeit (Seriosität), Verantwortlichkeit, Kompetenz, Zugang, Höflichkeit, Kommunikation, Glaubwürdigkeit, Sicherheit, Verständnis (den Kunden kennen), Realität (Greifbarkeit).

Diese 10 Kriterien lassen sich zu fünf Qualitätsdimensionen zusammenfassen, die in jedem Dienstleistungsbereich angewandt werden können [23]

---

23 vgl. Armstrong, Barabra (1994), S. 23

Annehmlichkeit des tangiblen Umfeldes (tangibles)
Einrichtung (sanitäre Anlagen, Arbeitsplätze etc.), Auftreten des Kontaktpersonals

Zuverlässigkeit (reliability)
Fähigkeit die versprochene Dienstleistung zuverlässig und genau zu erbringen

Reaktionsfähigkeit (responsiveness)
Bereitschaft den Kunden zu helfen und eine unverzügliche Dienstleistung zu erbringen

Leistungskompetenz (assurance)
Wissen und Höflichkeit der Mitarbeiter und ihre Fähigkeit Vertrauen und Zuversicht einzuflößen

Einfühlungsvermögen (empathy)
Soziale Einstellung, individuelle Aufmerksamkeit, die die Organisation den Kunden spendet

Die SERVQUAL-Methode dient nur zur Feststellung, welche Kriterien der Nutzer einer Bibliothek ansetzt, um die Qualität zu beurteilen, aber nicht wie wichtig dieses Kriterium dem Nutzer ist. Es kann also sein, daß ein Nutzer eine bestimmte Dienstleistung erwartet, weil er sie beim letzten Besuch auch vorgefunden hat, diese aber für seine eigentliche Arbeit nicht wichtig ist. Dieses ist zum Beispiel der Fall, wenn ein Mitarbeiter beim letzten Besuch des Benutzers sich besonders freundlich und höflich zeigte und sein Interesse am Arbeitsgebiet des Benutzers bekundete, als dieser nach bestimmter Literatur fragte. Für das eigentliche Auffinden der Literatur ist dieses Interesse des Mitarbeiters nicht wichtig, es hinterläßt allerdings beim Nutzer ein gutes Gefühl und er wird dieses Interesse auch beim nächsten Besuch erwarten.

6.1.2.2 Sequentielle Ereignismethode

Eine andere Methode zur Erforschung des Images einer Bibliothek ist die sequentielle Ereignismethode. Bei ihr wird ein bestimmter Dienstleistungsprozeß (z.B. das Ausleihen eines Buches) in alle Einzelschritte zerlegt und als sogenannter Blueprint dargestellt. Eine Unsichtbarkeitslinie macht dabei deutlich, welche Prozesse für den Benutzer sichtbar sind und welche nicht. Indem man dem Bibliotheksbenutzer den gesamten Dienstleistungsprozeß nun vorlegt und mit ihm persönlich bespricht soll er ausführlich schildern, wie die einzelnen Dienstleistungsschritte von ihm empfunden wurden. Dieses gibt dem Bibliothekar die Möglichkeit die Organisation einmal aus der Sicht eines Benutzers zu sehen und zu erkennen, welche Schwerpunkte er setzt, wo

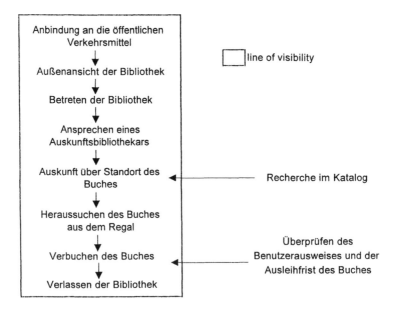

Abb. 5:   Blueprint für die Ausleihe eines Buches

er Schwierigkeiten mit dem Verständnis der Dienstleistung hat und somit Verbesserungen notwendig sind. Eine Weiterführung dieses Instruments ist das Erfragen eines "Augenblicks der Wahrheit". Der Nutzer wird gebeten sich an Ereignisse zu erinnern, die ihn besonders geärgert oder gefreut haben. Denn gerade diese extremen Erlebnisse bleiben dem Nutzer in Erinnerung und prägen sein Bild von der Bibliothek.

6.1.2.3 Frequenz-Relevanz-Analyse (FRAP)

Die bisher genannten Instrumente dienen zwar dem Erkennen welche Kriterien der Nutzer benutzt, um die Bibliothek zu beurteilen, aber sie geben noch keine Auskunft darüber, wie diese Kriterien gewichtet sind. Ein Verfahren dazu ist die Frequenz-Relevanz-Analyse (im folgenden: FRAP). Mit ihr werden bestimmte Probleme und deren Positionierung in einem Bewertungsraster ermittelt. Je häufiger ein Problem auftritt und je bedeutsamer es für den Nutzer ist, desto schneller sollte sich die Bibliothek mit der Lösung dieses Problems befassen. Dabei werden dem Nutzer folgende Fragen gestellt:

1. Ist ein bestimmtes Problem aufgetreten?
2. Wie groß ist das Ausmaß der Verärgerung?
3. Welche Reaktion wurde ins Auge gefaßt?

Hierbei können die nachgefragten Probleme in den einzelnen Qualitätsdimensionen der SERVQUAL-Untersuchung angeordnet sein und ermöglichen somit einen posthumen allgemeinen Überblick, welche Qualitätsdimensionen dem Nutzer besonders und welche weniger wichtig sind.

Die erste Frage (Ist ein bestimmtes Problem aufgetreten?) bestimmt die Problemfrequenz, also wie häufig ein bestimmtes Problem auftritt. Die beiden folgenden Fragen die Problemrelevanz.

Diese ermittelt man, indem man den beiden Fragen Punktwerte zuteilt, die miteinander multipliziert werden. Wenn man die beiden Werte in einem Koordinatensystem zueinander in Beziehung stellt, erkennt man recht einfach die Gewichtung einzelner Probleme.

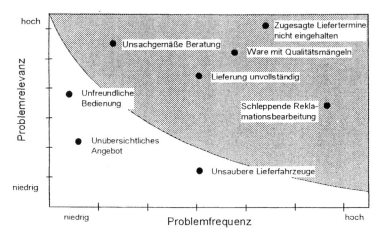

Abb. 6: Beispiel einer Frequenz-Relevanz-Analyse

Es ist zu bemerken, daß die FRAP-Analyse nur dann anwendbar ist, wenn man eine hohe Besucherfrequenz hat oder die Analyse über einen langen Zeitraum anlegt, da sonst nicht genügend Daten zur Verfügung stehen.

6.1.2.4 Pareto-Diagramm

Um die Probleme auf wenige Ursachen zu verdichten kann man ein Pareto-Diagramm anfertigen. Dazu wird der Quotient gebildet aus der Summe der für die einzelnen Probleme bestimmten Relevanzwerte und aus der Gesamtzahl der Befragten. Das Ergebnis wird auch hier wieder graphisch dargestellt, um einen schnellen

52

und einfachen Überblick über die Reihenfolge der Probleme zu erhalten.

Mit Hilfe dieser Methoden ist es der Bibliothek möglich zu erkennen wo aus Sicht des Kunden Problembereiche liegen, die verbessert werden können.

Neben diesen nutzerbezogenen Instrumenten gibt es aber auch mitarbeiterbezogene Instrumente der operativen Qualitätsplanung. Hier kommt wieder zum Ausdruck, daß der interne Kunde (der Mitarbeiter) in einem QM-System genauso wichtig ist wie der externe Kunde (der Bibliotheksbenutzer).

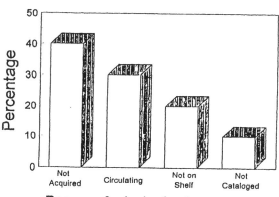

Abb. 7: Beispiel für ein Pareto-Diagramm

6.1.2.5 Mitarbeiterbefragung

Zu den mitarbeiterbezogenen Instrumenten zählt zum einen die Mitarbeiterbefragung. Mit ihr kann festgestellt werden, welche Qualitätskriterien die Mitarbeiter für wichtig halten, welche Kundenerwartungen sie annehmen und wie sie persönlich die Qualität der Produkte und Dienstleistungen der Bibliothek sehen. Eine Mitarbeiterbefragung sollte regelmäßig (einmal im Jahr) und wenn möglich unter allen Mitarbeitern durchgeführt werden, damit sich kein Mitarbeiter ausgeschlossen oder besonders intensiv kontrolliert fühlt. Es ist dabei sinnvoll, dem einzelnen Mitarbeiter einige Zeit vorher den entsprechenden Fragebogen zukommen zu lassen, so daß er sich auf das Gespräch vorbereiten kann und weiß, was ihn erwartet. Mit der Befragung kann auch die allgemeine Mitarbeiterzufriedenheit festgestellt werden. Sie beeinflußt auch maßgeblich die Qualität der erbrachten Dienstleistungen und Produkte, da ein zufriedener Mitarbeiter besser arbeitet.

6.1.2.6 Betriebliches Vorschlagswesen

Eine weitere Möglichkeit um festzustellen, wo die Mitarbeiter Probleme innerhalb der Bibliothek sehen ist das betriebliche Vorschlagswesen. Dabei kann der einzelne Mitarbeiter Verbesserungsvorschläge machen, die seinen Arbeitsplatz oder die Arbeit in der Bibliothek im allgemeinen betreffen. Um einen gewissen Anreiz zu bieten, sollten die Vorschläge mit einer Prämie ausgestattet werden. Diese Prämie können zum Beispiel besondere Geldzuweisungen oder andere Arten der Anerkennung sein (Fahrten zu besonderen Veranstaltungen). Die prämierten Vorschläge können außerdem in einer Bibliotheksmitteilung veröffentlicht werden. Dieses motiviert dann auch andere Mitarbeiter dem Beispiel zu folgen. Sehr wichtig ist natürlich, daß die Vorschläge auch wirklich umgesetzt werden, denn sonst bekommt der Mitarbeiter den Eindruck nicht ernst genommen zu werden und er fällt zurück in seine Lethargie. In wissenschaftlichen Bibliotheken sind Prämierungsmöglichkeiten allerdings stark eingeschränkt, da hier die meisten Stellen mit öffentlichen Mitteln finanziert werden. Statt der Geldprämien muß hier verstärkt auf andere Belohnungsformen zurückgegriffen werden.

6.1.2.7 Fischgrät-Diagramm

Eine weiteres Instrument um Problembereiche zu erkennen ist das Fischgrät-Diagramm. Dabei werden von den Mitarbeitern in einem Brainstorming Ursachen für ein bestimmtes Problem ermittelt und systematisch geordnet. Diese Methode dient nur der Problemermittlung und noch nicht der Lösung des jeweiligen Problems. Sie bietet aber eine gute Grundlage für weiter Diskussionen und schafft bei den Mitarbeitern Verständnis für die Probleme der Dienstleistungen einer Bibliothek. Die Haupt- und Nebeneinflußgrößen bieten dabei die Anknüpfungspunkte für Verbesserungsmaßnahmen.

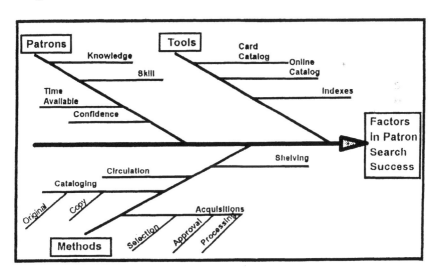

Abb. 8: Beispiel für ein Fischgrät-Diagramm

Diese Methode erhält ihren Namen durch die graphische Darstellungsform. Das zu lösende Problem wird als Kopf dargestellt und die einzelne Problemdimensionen stellen die Gräten dar. Dabei werden die einzelnen Probleme zu einer Problemdimension zusammengruppiert.

6.1.2.8 Fehlermöglichkeits- und -einflußanalyse (FMEA)

Die Fehlermöglichkeits- und -einflußanalyse (im folgenden: FMEA) ist eine Möglichkeit, potentielle Schwachstellen im voraus zu entdecken und deren Konsequenzen festzustellen. Gerade in Bibliotheken, wo der Fehler einer Dienstleistung direkt an den Kunden weitergegeben wird, ohne vorher erkannt zu werden, ist dieses besonders wichtig. Die Analyse erfolgt in vier Schritten:

Fehlerbeschreibung
Hier werden alle möglichen Fehler und Fehlerquellen ermittelt und ihre Ursachen und Konsequenzen ermittelt.

Risikobeurteilung
Es wird eine Risikoprioritätszahl (im folgenden: RPZ) ermittelt. Je höher die RPZ, desto schwerwiegender ist der Fehler.

Maßnahmen / Lösungen
Es werden geeignete Lösungen gesucht, um den Fehler zu vermeiden, seine Bedeutung zu verringern, sein Auftreten möglichst gering zu halten und die Wahrscheinlichkeit seiner Entdeckung, bevor er den Benutzer erreicht, zu erhöhen.

Ergebnis / Beurteilung
Es wird die neue RPZ errechnet, um zu sehen, ob die ergriffenen Maßnahmen wirklich eine Verringerung der Fehlerschwere nach sich ziehen.

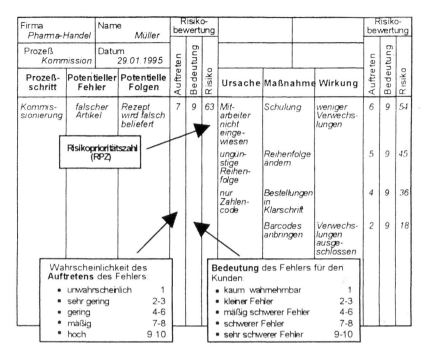

Abb. 9: Beispiel für ein FMEA-Formular für die Analyse eines Prozesses mit Kundenkontakt (Pharma Handel)

6.1.2.9 Quality Function Deployment (QFD)

Bei der Qualitätsplanung soll man immer die Kundenorientierung im Auge behalten. Eine geeignete Methode, um sicherzustellen, daß diese auch in sämtlichen Phasen der Planung und späteren Realisierung von Produkten und Dienstleistungen geschieht, ist das Quality Function Deployment (im folgenden: QFD). QFD dokumentiert die einzelnen Analyse- und Planungsschritte. Dadurch hilft es, wichtige von unwichtigen Kriterien zu trennen und gibt einen vollständigen Überblick über den gesamten Planungsablauf. QFD wird in Gruppenarbeit entwickelt, dabei ist immer der Bibliotheksbenutzer im Auge zu behalten. Folgende Schritte sind notwendig um das sogenannte "House of Quality" zu bauen:

57

1. *Ermittlung der relevanten Benutzergruppe WER*

2. *Erfassung der Benutzeranforderungen und Benutzerbedürfnisse WAS*

3. *Ableitung von Qualitätsmerkmalen WIE*
Leistungsmerkmale, die zur Erfüllung der Benutzeranforderungen notwendig sind werden festgelegt. Hierbei ist ein geistiger Transformationsprozeß notwendig.

4. *Festlegen von Zielgrößen in bezug auf die Qualitätsmerkmale WIEVIEL*
Den Leistungsmerkmalen werden meßbare Zielgrößen, -einheiten zugeordnet. Technische Schwierigkeiten werden ermittelt.

5. *Prüfen von Wechselwirkungen, Darstellung im DACH*
Wechselwirkung zwischen einzelnen Leistungsmerkmalen (positiv / negativ) werden erkannt. Eine negative Wechselwirkung erfordert neue Lösungsansätze.

6. *Leistungsvergleiche mit den Dienstleistungen von Wettbewerbern*
Hier erhält man Hinweise auf Entwicklungspotentiale und Wettbewerbsvorteile.

Das Qualitätshaus wurde bis jetzt nur im Produktionsbereich angewandt. Dort fällt es leichter, zu den einzelnen Punkten meßbare Daten zu sammeln. Für den Bibliotheksbereich muß das Haus daher auf einige Angaben verzichten. Jede Bibliothek ist spezifisch aufgebaut und ein direkter Leistungsvergleich zwischen verschiedenen Bibliotheken wird daher nicht möglich sein. Zum einen haben Bibliotheken andere Mittelzuweisungen und andere Benutzerprofile. Zum anderen können sie sich schon in ihrer Auftragsformulierung unterscheiden. Möchte man einen Leistungsver-

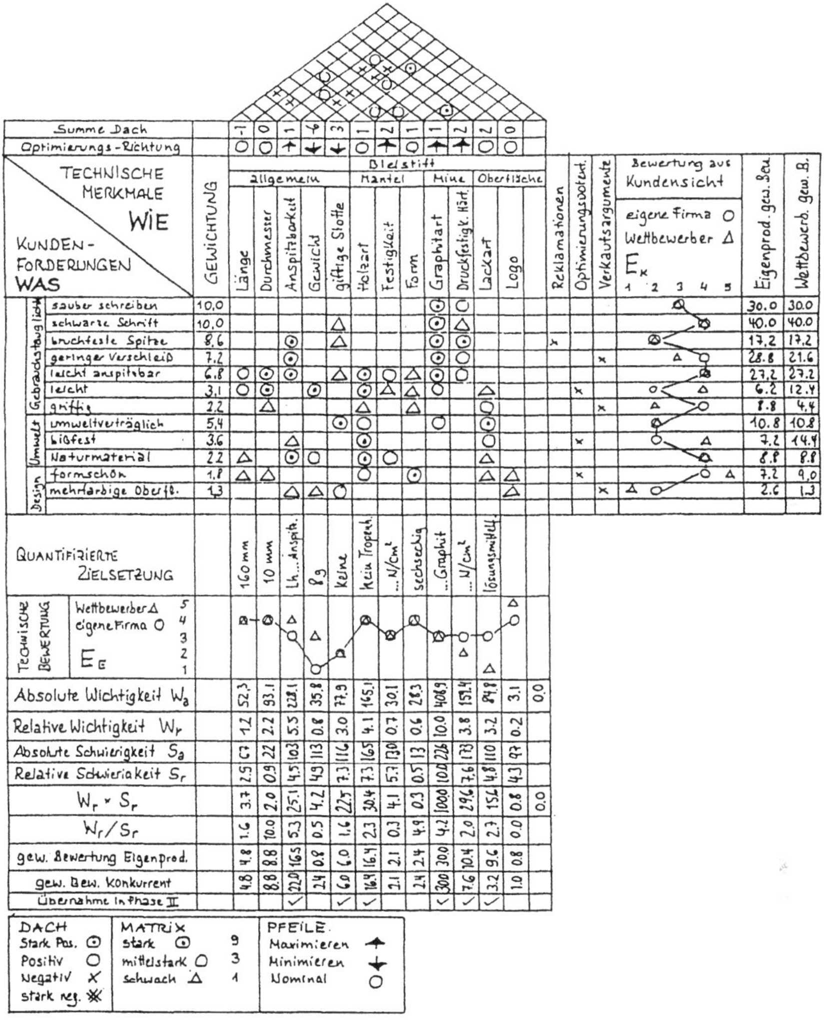

Abb. 10: Beispiel für ein Qualitätshaus

Legende:

DACH	MATRIX		PFEILE	
Stark Pos. ⊙	stark ⊙	9	Maximieren ↑	
Positiv O	mittelstark O	3	Minimieren ↓	
Negativ X	schwach △	1	Nominal O	
stark neg. ※				

gleich durchführen, so ist die entsprechende Bibliothek sehr sorgfältig zu wählen und es ist genauestens zu prüfen, ob ihr Profil dem der eigenen Bibliothek entspricht.

Diese ganze Liste von Instrumenten zur Qualitätsplanung hört sich zum einen sehr kompliziert und zeitaufwendig an, zum anderen enthält sie Vorschläge, die von Bibliotheken schon seit langem angewandt werden (z.b. Benutzerumfragen). Bei meinen Recherchen ist mir aufgefallen, daß von Bibliotheken hauptsächlich die einfacheren Instrumente (Fischgrätdiagramm, Umfragen) eingesetzt werden, um Kundenwünsche und -bedürfnisse zu ermitteln. Ich konnte keine Bibliothek finden, die sich mit dem Aufbau eines House of Quality auseinandergesetzt hätte oder eine ausführliche SERVQUAL Befragung durchgeführt hat. Meistens wird auf schon bereits vorhandene Daten aus der Literatur zurückgegriffen. Dieses liegt sicherlich auch daran, daß die Methoden aus dem Produktionsbereich kommen und es immer noch recht schwer fällt diese auf den Dienstleistungsbereich anzuwenden.

6.2 Qualitätslenkung

Der Qualitätsplanung folgt die Phase der Qualitätslenkung. Qualitätslenkung wird von der DGQ beschrieben als "... sämtliche vorbeugenden, überwachenden und korrigierenden Tätigkeiten bei der Realisierung einer Einheit mit dem Ziel, unter Einsatz von Qualitätstechniken die Qualitätsforderungen zu erfüllen".[24]

Mit Hilfe der Qualitätslenkung gelingt es dem Bibliothekar, die in der vorangegangenen Phase der Qualitätsplanung definierten Anforderungen an die Qualität der bibliothekarischen Dienstleistung zu verwirklichen. Zur Qualitätslenkung zählen personell-

---

24 DGQ (1993), S. 87

unternehmenskulturelle, organisatorisch-strukturelle und system-
bezogene Instrumente.

6.2.1 Personell-unternehmenkulturelle Instrumente

Die personell-unternehmenskulturellen Instrumente befassen sich
mit der Denk- und Verhaltensweise der Mitarbeiter und den
Wertvorstellungen in der Bibliothek. Eine Möglichkeit sicherzustellen, daß die Mitarbeiter das Prinzip der Kundenorientierung
auch wirklich im Umgang mit dem Benutzer praktizieren, ist eine
entsprechende **Einstellungspolitik** zu betreiben. Fachliches Wissen kann man durch Schulungen und Seminare vermitteln, aber
die Bereitschaft, freundlich und hilfsbereit auf den Benutzer einzugehen läßt sich nur sehr schwer antrainieren. So kann man zum
Beispiel bei Vorstellungsgesprächen auf Rollenspiel oder Grup-
pendiskussionen zurückgreifen, um die Kommunikations- und
Kontaktbereitschaft von Bewerbern festzustellen.

Eine weitere Maßnahme sind **Schulungen und Seminare** für alle
Mitarbeiter. Dabei sollte es sich nicht nur um fachliche Weiterbildung handeln, sondern auch um das Vertiefen sozialer Kompetenzen. So bieten sich Qualitätsseminare für die Mitarbeiter sämt-
licher Abteilungen und Hierarchieebenen an, um sie mit den Ide-
en und Techniken des TQM vertraut zu machen. Für Führungskräfte bietet sich ein extra Seminar an, in dem sie Mitarbeitermo-
tivation erlernen. Weiterhin wird die Bedeutung ihrer Vorbild-
funktion vermittelt und wie der Posten einer Führungsposition im
Qualitätsmanagement gestaltet ist. Sie sollten sich mit den verschiedenen Phasen der Teamarbeit vertraut machen und die Me-
chanismen von Arbeitstreffen kennen. Für Mitarbeiter mit direk-
tem Kundenkontakt bietet sich ein zusätzliches Servicetraining
an, in dem sie lernen, wie man richtig zuhört und dadurch Kundenwünsche erkennt, auf Kundenwünsche eingeht und mit Beschwerden umgeht. Außerdem müssen alle die Mitarbeiter, die an

speziellen Projekten und Qualitätszirkeln teilnehmen in den entsprechenden Techniken unterrichtet werden. Ohne eine Unterweisung in Projektarbeit, Brainstorming und ähnliche Instrumente ist der Mißerfolg des Projektes ansonsten vorhersehbar. Wichtig ist, daß Schulungen für alle Mitarbeiter regelmäßig angeboten werden. Jeder Mitarbeiter muß die Möglichkeit haben das von ihm gewünschte Seminar zu besuchen, unabhängig von Arbeitszeit und Abkömmlichkeit. Dabei hat es sich als positiv herausgestellt große Einführungsseminare in Räumen außerhalb des Bibliothek abzuhalten. Für kleinere Bibliotheken hingegen stellt sich das Problem, wie Schulungen für ihre Mitarbeiter zu organisieren sind. Kleinere Spezialbibliotheken von Firmen können dabei das Angebot der Mutterorganisation wahrnehmen, aber auch die Fortbildungsveranstaltungen von Verbänden und persönliche Kontakte können hierbei hilfreich sein.

Neben der Schulung stellen **Motivationsmaßnahmen** weitere Instrumente dar. Nur ein Mitarbeiter, der gut motiviert gerne arbeitet wird auch zufriedenstellende Qualität leisten. Es stehen dabei mehrere Möglichkeiten der Motivation zu Verfügung. Zum einen Prämien für kundenorientiertes Verhalten. Dabei ist anzumerken, daß durch das Beamtenwesen in öffentlichen Bibliotheken dieser Maßnahme allerdings Grenzen gesetzt sind. Deshalb muß gerade hier verstärkt auf andere Formen der Motivation zurückgegriffen werden. Etwa auf ein Anrecht auf Seminarbesuche oder Fahrten zu Tagungen und Ausstellungen. Auch persönliches Lob oder die Übertragung von mehr Verantwortung kann motivieren. Aufstiegschancen wirken sich positiv auf die Einstellung von Mitarbeitern ein. Neben diesen Arten der Motivation, die von außen an den Mitarbeiter herangetragen werden, gibt es aber auch eine Motivation, die sich aus der Arbeit an sich ableitet: Eine Verbesserung der Arbeitsbedingungen motiviert Mitarbeiter ebenfalls.

Ein weiteres Instrument der personell-unternehmenskulturellen Instrumente ist die Schaffung einer **Dienstleistungskultur**. In dieser Form einer Unternehmenskultur wird Kundenorientierung von allen Mitarbeitern als selbstverständliche Aufgabe gesehen. Die Bibliotheksleitung lebt die ständige Verpflichtung zu Qualität vor und behandelt den Mitarbeiter als mündigen Partner. Dadurch entsteht ein gutes Betriebsklima, in dem sich alle Mitarbeiter für die Qualität der Bibliothek einsetzen.

6.2.2 Organisatorisch-strukturelle Instrumente

Die organisatorisch-strukturellen Instrumente sorgen für eine Verankerung des Qualitätsmanagements in der Aufbau- und Ablauforganisation der Bibliothek. Dazu zählt zum einen, daß alle Abteilungen in das System mit einbezogen werden. Eine Bibliothek, in der nur in Führungsetage und im Auskunftsbereich über Qualität geredet wird, kann ihr Ziel nicht erreichen. Gerade bei Bibliotheken, die auf einem Bibliothekscampus in viele kleine Zweigbibliotheken aufgeteilt sind, ist es wichtig, alle Zweigbibliotheken miteinzubeziehen. Die Abteilungsleiter müssen sich verpflichten dafür Sorge zu tragen, daß die angestrebten Qualitätsziele in ihrem Bereich auch verfolgt werden. Für ein zweischichtiges Bibliothekssystem oder große Bibliotheken mit vielen Abteilungen bietet sich an, einen Qualitätskoordinator einzusetzen. Dieser Koordinator dient als Ansprechpartner für die Zweigstellen, er plant die Schulungen und gibt Hilfestellung für alle Mitarbeiter, die ihn um Rat bitten. Auf keinem Fall darf die Bibliotheksleitung sich aus der Verantwortung für das Qualitätsmanagement ziehen, weil es einen Koordinator gibt. Es darf auch nicht der Eindruck entstehen, daß dieser allein für die Qualität der Bibliothek verantwortlich ist.

6.2.2.2 Qualitätszirkel

Qualitätszirkel sind ein weiteres Mittel, zur Realisierung geplanter Anforderungen. Die Vorteile von Qualitätszirkeln bestehen darin, daß sie nicht nur für eine Verbesserung der Qualität sorgen, sondern auch das Qualitätsbewußtsein und die Qualitätsverantwortung der Mitarbeiter fördern, sowie die interne Kommunikation verbessern. Qualitätszirkel setzen sich aus mehreren Personengruppen zusammen. Zum einen gibt es einen *Sponsor:* Er ist kein direktes Mitglied des Zirkels sondern ein Ansprechpartner auf der Verwaltungsebene, der als Kommunikationspartner zur Bibliotheksleitung dient. Der *Teamleader* sollte der verantwortliche Leiter der Abteilung sein, die untersucht wird. Der *Facilitator* stammt nicht aus der Bibliothek. Er hat das notwendige Managementwissen und kann die Teammitglieder in die Arbeitstechniken und Werkzeuge der Qualitätszirkel unterweisen. Dadurch, daß er nicht zum Kreis der Bibliotheksmitarbeiter gehört sorgt er dafür, daß die Beziehungsebene der Bibliotheksmitarbeiter nicht in die Lösungsfindung miteinbezogen wird. Neben diesen drei Positionen besteht ein Qualitätszirkel aus den *Mitarbeitern* der Bibliothek, die an dem entsprechendem Arbeitsprozeß beteiligt sind. Hierin besteht ein großer Unterschied zu früheren Arbeitsgruppen. Diese bildeten sich nur aus der Bibliotheksleitung, die nicht direkt am Arbeitsprozeß beteiligt war und dementsprechend nur theoretisch über ein Problem diskutieren konnten. Sie suchten Lösungen, die von den Mitarbeitern dann später umgesetzt werden sollten.

Die Tatsache, daß die Mitarbeiter in Qualitätszirkeln selber die Lösung erarbeiten, fördert auch die spätere Umsetzung der Ideen an ihrem Arbeitsplatz. Der einzelne Qualitätszirkel sollte nicht mehr als 5 bis 6 Mitarbeiter umfassen. Auch sollten zu Beginn der Einführungsphase von Qualitätszirkeln nicht zu viele verschieden

Abteilungen in einem Qualitätszirkel vertreten sein.[25] Die Mitglieder des Qualitätszirkels sollten sich einmal in der Woche für ca. ein- bis anderthalb Stunden treffen. Diese Treffen sollten in der Arbeitszeit, oder – als bezahlte Arbeitszeit – außerhalb der Arbeitszeit liegen. Ein ruhiger Raum, der nicht durch den normalen Bibliotheksbetrieb gestört wird, ist ein guter Treffpunkt. Um ein erfolgreiches Arbeiten der Gruppe zu ermöglichen ist außerdem darauf zu achten, daß alle Mitglieder freiwillig am Qualitätszirkel teilnehmen und zur Lösung des Problems beitragen wollen. Eine Voraussetzung für ein motiviertes Arbeiten ist, daß der Qualitätszirkel nicht nur für eine Lösungsfindung herangezogen wird, sondern daß er auch für die Umsetzung der Lösung verantwortlich ist.

Das Thema Schulung wurde schon weiter vorne angesprochen. Es ist verständlich, daß Mitarbeiter, die zum erstenmal in einem Qualitätszirkel zusammenarbeiten bestimmte Kenntnisse benötigen, um überhaupt zu einer Lösung zu gelangen. Neben einer allgemeinen Einführung in TQM, Kundenzufriedenheit und Managementtechniken brauchen sie vor allem eine Einführung in die Problemlösungstechniken (Brainstorming, Fischgrät-Diagramm), eine Verstärkung ihrer interpersonellen Fähigkeiten und Schulungen wie man als Gruppe zusammenarbeitet (Aufstellen eines Zeitplans, Entscheidungsfindung etc.)[26].

Wenn man zum erstenmal einen Qualitätszirkel in der Bibliothek einsetzen will, muß man auf einige Dinge Rücksicht nehmen. Zum einen sollte das gestellten Problem nicht zu komplex sein. Die Bibliotheksmitarbeiter müssen in ihrem ersten Qualitätszirkel neben dem eigentlichen fachlichen Problem auch noch die Arbeitsweise eines Qualitätszirkels kennenlernen. Das Problem sollte daher auf jeden Fall lösbar sein und es sollte eine Schnitt-

---

25 vgl. Butcher, Karyle S. (1993), S. 51
26 vgl. Towler, Constance F. (1993), S. 102

stelle zum Benutzer haben. Das bedeutet, daß das Problem und seine Lösung für alle erkennbar sind. Wenn der Qualitätszirkel zu einem positiven Abschluß kommt und die Verbesserungen für alle sichtbar sind, so wird man die Teilnehmer des Qualitätszirkels für weitere Maßnahmen des TQM gewonnen haben. Scheitert aber der Qualitätszirkel, so ist davon auszugehen, daß die beteiligten Mitarbeiter ihr Interesse an der Umsetzung von TQM-Techniken in der Bibliothek verlieren.

Sind die Mitarbeiter entsprechen geschult und ist ein Raum und ein Zeitpunkt für die Treffen eingerichtet, so kann der Qualitätszirkel mit seiner eigentlichen Arbeit beginnen. Den Problemlösungsprozeß unterscheidet man in sechs Phasen, auf die ich kurz eingehen will. [27]

Erkennen des Problems
Zuerst muß man Daten sammeln und das eigentliche Problem erkennen. Diese Datensammlung erfolgt zum Beispiel durch Umfragen, Brainstorming oder ein Blick in die Statistik der Bibliothek. In der Oregon State University wurde ein Qualitätszirkel eingesetzt, der sich mit dem Lauf von Regierungspublikationen vom Eingang in der Bibliothek bis zur Einstellung im Regal beschäftigte. Die Gruppe der Mitarbeiter stellte sehr schnell fest, daß das Problem nicht die Zeit der Bearbeitung war, sondern das Auffinden der Regale mit den entsprechenden Publikationen. [28] Der Qualitätszirkel sollte den IST-Zustand und den SOLL-Zustand festhalten. Je mehr meßbare Dinge man festhält, desto einfacher wird den Mitarbeitern später die Feststellung fallen, ob wirkliche eine Verbesserung stattgefunden hat.

---

27 vgl. Towler, Constance F. (1993), S. 107-111
28 vgl. Butcher, Karyle S. (1993), S. 52

Analysieren des Problems

Der nächste Schritt ist die Analyse des Problems. Es stellt sich als vorteilhaft heraus durch mehrfache Problemanalyse das eigentliche Kernproblem zu ermitteln. Als Hilfsmittel kann man hier das Fischgrät-Diagramm und Flußdiagramme einsetzen. Ist das Problem entdeckt, so werden Lösungswege gesucht.

Potentielle Lösungen finden

Zuerst werden von der Gruppe verschiedene Lösungsmöglichkeiten diskutiert, bevor man sich dann auf eine Lösung einigt, die allen akzeptabel erscheint.

Auswahl und Planung einer Lösung

Hat man diese eine Lösung gefunden, so muß der Qualitätszirkel an die Planung herangehen, wie diese Lösung umsetzbar ist. Rahmenbedingungen müssen geschaffen und ein Zeitplan aufgestellt werden.

Einführung der Lösung

Als nächster Schritt steht dann die Umsetzung der Lösung an. Dieses geschieht durch den Qualitätszirkel. Da der Teamleader immer mit der Bibliotheksleitung in Kontakt steht, ist abgesichert, daß der Umsetzung der Lösung nichts im Wege steht. Vorteilhaft ist es, wenn der Qualitätszirkel seinen Lösungsvorschlag der Bibliotheksleitung selber präsentiert und auch eine Präsentation für alle Bibliotheksmitarbeiter stattfindet. In diesem Rahmen kann man dann eventuelle Schwierigkeiten und Auswirkungen auf andere Arbeitsprozesse diskutieren.

Evaluation der Lösung

Mit der Einführung einher geht eine Evaluation des Lösungsansatzes. Der Qualitätszirkel muß nach der Einführung wieder Daten sammeln und den erreichten IST-Zustand mit dem gewünschten vergleichen. Ist das Ziele erreicht worden? Treten nun neue unvorhergesehene Probleme auf?

Bei der Einführung von Qualitätszirkeln kann es auch zu Problemen kommen. Zum einen kann es vorkommen, daß die Mitglieder des Qualitätszirkels sich überfordert fühlen. Es werden auf einmal Verantwortungen an sie herangetragen, die früher alleine der Bibliotheksleitung zustanden. Außerdem ist Arbeit im Qualitätszirkel eine zusätzliche Belastung neben der normalen Arbeit. Da ein solcher Prozeß vom Zusammenstellen des Qualitätszirkels bis zur Einführung der Lösungsmaßnahme mindestens ein Jahr dauert ist verständlich, daß manchmal Frustrationen in der Gruppe auftreten. Gerade, wenn man keine Ergebnisse erkennen kann. Ein Vorschlag ist, kleine Verbesserungsvorschläge, die einfach einzuführen sind, während dieser Zeit direkt umzusetzen. Zum Beispiel das Anbringen einer besseren Beschilderung in der Bibliothek. So erkennen die Mitarbeiter, daß ihre Ideen umgesetzt werden und ihre Arbeit im Qualitätszirkel erfolgreich ist.

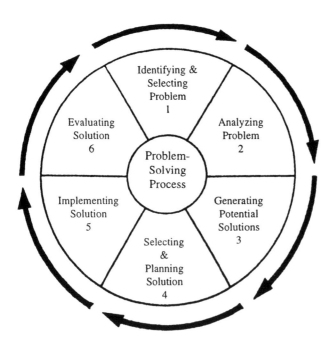

Abb. 11: Darstellung eines Problemlösungskreises

6.2.3 Systembezogene Instrumente

Zu den systembezogenen Instrumenten zählt vor allem die Anpassung der Informations- und Kommunikationssysteme an die Anforderungen der Kunden. Im heutigen Zeitalter schreitet die Technisierung der Bibliotheken immer weiter voran. Benutzer wünschen sich zum Beispiel den Zugriff auf den Bibliothekskatalog online von ihrem Arbeitsplatz aus. Zeitschriftenaufsätze sollten wenn möglich per Email oder Fax versandt werden, die Bibliothek selber sollte Zugriff zu Online Katalogen anderer Bibliotheken haben und die Fernleihe automatisch abwickeln können. Dieses sind nur einige Beispiele, wie die Bibliothek ihre Informations- und Kommunkationssysteme anpassen muß, um eine Dienstleistung zu erbringen, die dem Benutzer gerecht wird.

6.3 Qualitätsprüfung[29]

Nachdem man sich die Mühe der Qualitätsplanung und der Qualitätslenkung unterzogen hat, ist es notwendig zu überprüfen, ob die gesteckten Qualitätsziele auch wirklich erreicht worden sind.

Qualitätsprüfung wird von der DGQ definiert als "Feststellen inwieweit eine Einheit die Qualitätsforderungen erfüllt"[30]. Für die Bibliothek bedeutet dieses sämtliche qualitätsbezogenen Elemente, Prozesse und Tätigkeiten im Hinblick auf die Erreichung der geplanten Qualitätsziele zu prüfen.

---

29 Darstellung zu diesem Gliederungspunkt nach: te Boekhorst, Peter (1992), S. 153-161; te Boekhorst, Peter (1995a), S. 121-126; te Boekhorst, Peter (1995b), S. 278-281
30 DGQ (1993), S.97

6.3.1 Kontrollsysteme

Intern kann jeder Mitarbeiter immer wieder überprüfen, ob seine Tätigkeit auch wirklich mit dem in Einklang steht, was in den schriftlich festgelegten Qualitätszielen und Nahzielen gefordert ist. Auch untereinander können sich die Mitarbeiter kontrollieren. Nach dem Motto "vier Augen sehen mehr als zwei", kann der Mitarbeiter des nachfolgenden Arbeitsprozesses die Arbeit seines internen Lieferanten überprüfen. Aus meiner Sicht ist diese Methode allerdings kritisch zu betrachten. Ein gegenseitiges Überprüfen führt häufig dazu, daß die Fehler beim Kollegen gesucht werden, statt sich auf seine eigene Arbeit zu konzentrieren. Außerdem trägt es nicht zur Verbesserung des Betriebsklimas bei, wenn die Mitarbeiter sich untereinander "bespitzeln" und darauf warten, daß der andere ein Fehler macht. Eine Möglichkeit zur Überprüfung der Qualität geleisteter Arbeit durch Vorgesetzte ist das Mitarbeitergespräch. Dort setzen sich ein Vorgesetzter, z.B. der Abteilungsleiter, und sein Mitarbeiter zusammen und diskutierten, inwieweit die Qualitätsziele erreicht wurden, wo sie leicht zu erreichen waren oder wo es Probleme gab. Ein weiteres wichtiges Instrument der Qualitätsprüfung ist die Befragung. Sowohl intern als auch extern sollten Kundenbefragungen stattfinden, um die Kundenzufriedenheit festzustellen.

6.3.2 Beschwerdemanagement

Um eine Qualitätsprüfung extern durchzuführen gibt es die Möglichkeit des Beschwerdemanagements. Hier werden beispielsweise die Häufigkeit und Inhalte auftretender unerwarteter neuer Nutzerbeschwerden erörtert. Beim Beschwerdemanagement ist darauf zu achten, daß dem Benutzer der Bibliothek das Einreichen von Beschwerden so einfach wie möglich gemacht wird. Für viele ist es zum Beispiel schon ein Hindernis, wenn sie ein Formular mit Ihrem Namen ausfüllen sollen. Es sollte daher grundsätzlich möglich sein, seine Beschwerde einem Bibliotheksmitarbeiter mündlich mitzuteilen, der diese dann schriftlich niederlegt und weiter reicht. Für schriftliche Beschwerden ist ein Briefkasten gut sichtbar in der Bibliothek aufzustellen oder ein Beschwerdebuch einzuführen. Wichtig ist, daß man die Beschwerden auch wirklich ernst nimmt. Dies geschieht etwa durch eine garantierte Beschwerdenbeantwortung. Man kann zum Beispiel die Zusicherung machen, daß jeder Benutzer innerhalb 24 Stunden eine Antwort auf seine Beschwerde bekommt. Oft macht man aus einem unzufriedenen Benutzer, der ein Buch nicht gefunden hat, schon einen zufriedenen Benutzer, indem man ihm erklärt, warum dieses Buch nicht auffindbar war und was die Bibliothek nun unternimmt. Aber ein Antwortschreiben alleine reicht nicht aus. Die Beschwerden müssen auch ausgewertet und entsprechende Lösungen müssen gefunden werden. Wenn eine Lösung gefunden und umgesetzt wurde, sollte auch hier eine Rückmeldung an den Benutzer erfolgen, damit er sieht, daß seine Meinung der Bibliothek wichtig ist. Im Rahmen der Öffentlichkeitsarbeit kann man die Beschwerden und die entprechenden Antworten und Lösungen auch für alle Benutzer sichtbar machen. Wege hierfür sind etwa Rundschreiben oder gut sichtbare Aushänge.

6.3.3 Bibliotheksstatistik und Leistungsmessung

Im Bibliotheksbereich ist die Qualitätsprüfung einer der Bereiche, die am ausführlichsten diskutiert werden. Hier spricht man im bibliothekarischen Sprachgebrauch allerdings nicht von Qualitätsprüfung sondern von Leistungsmessung. Die ersten Projekte zur Leistungsmessung in Bibliotheken begannen ca. 1987 im Bereich der öffentlichen Bibliotheken[31]. Dieses ist sicherlich darauf

---

31 Planning and Role Setting of Public Libraries, 1987; Output Measures of Public Libraries, 1987; Measuring the Performance of Public Libraries, 1989

zurückzuführen, daß immer mehr Bibliotheken in öffentlicher Trägerschaft Rechenschaft darüber ablegen müssen, wie sie die zugewiesenen Gelder verwandt haben, ob Mittelaufwand und Leistung in einer gesunden Relation stehen. Auch in Firmenbibliotheken sind die Bibliothekare schon seit längerem dazu angehalten nachzuweisen, daß sie der Firma Nutzen bringen, wenn sie weiter bestehen wollen. Im Bereich der Universitätsbibliotheken kommt eine entsprechende Diskussion erst langsam in Gang. Das liegt zum einen sicherlich daran, daß diese Bibliotheken bis jetzt noch nicht gezwungen waren, um ihren jährlichen Etat mit anderen Instituten zu kämpfen. Zum anderen liegt dieses daran, daß es eine recht ausführliche Bibliotheksstatistik gibt, die bis jetzt immer als ausreichende Darstellung der erbrachten Leistung galt. In neueren Zeiten wird die Deutsche Bibliotheksstatistik (im folgenden. DBS) jedoch heftig kritisiert und in Frage gestellt. Ein Vorwurf ist, daß sie nur die positiven Daten der Bibliothek erhebt. Aufgeführt werden Zugangszahlen, Benutzerzahlen uns Ausleihhäufigkeit, aber es wird nichts darüber ausgesagt, wieviel Benutzer die Bibliothek frustriert verließen oder wieviel Bücher nicht ausgeliehen wurden. Außerdem liefert die DBS nur Daten, die sehr einfach zu erheben sind. Dabei ist der Einsatz von EDV ein gutes Hilfsmittel. Genaue Ausleihdaten und Fernleihdaten sowie Benutzerdaten zu erheben ist kein Problem mehr. Leider werden dabei nur quantitative und keine qualitative Aussagen getroffen. Die Frage nach der Zufriedenheit des Benutzers mit der Bibliothek wird durch die Bibliotheksstatistik nicht beantwortet.

Im Zuge eines guten Qualitätsmanagements an Bibliotheken braucht man also andere Daten als die der DBS. So hat man sich nun auch im Bereich der Universitätsbibliotheken in letzter Zeit mit Leistungsmessung auseinandergesetzt. In dem Handbuch der IFLA wird im Jahr 1996 Leistungsmessung wie folgt definiert:

"Performance measurement means collection of statistical and other data describing the performance of the library, and the analysis of these data in order to evaluate the performance. Or, in other words: Comparing what a library is doing (performance) with what it is meant to do (mission) and wants to achieve (goals)."[32]

Um die Leistung einer Bibliothek messen zu können braucht man Indikatoren, die folgende Kriterien erfüllen müssen um wirklich nutzbar zu sein[33]:

• Sie müssen geeignet sein wirklich auch das zu messen was man will.

• Sie müssen zuverlässige Daten liefern.

• Leistungsindikatoren müssen wiederholbar sein, der Vorgang der Leistungsmessung muß unter den gleichen Umständen jederzeit wieder durchführbar sein.

• Sie sollten hilfreich sein, also Aufschluß darüber geben, warum die Leistung nicht erreicht wurde (Lag es an fehlenden Benutzerkenntnissen oder an Fehlern der Bibliothek? Wie kann man diese Fehler vermeiden?)

• Sie sollten praktisch und einfach anwendbar sein, denn schließlich wird die Leistungsmessung von Bibliothekaren durchgeführt, die nebenher ihre eigentliche Arbeit zu erledigen haben.

Ein Messen der Leistung alleine reicht nicht aus. Man weiß dann zwar, daß man sich noch verbessern kann, aber wo die Gründe für schlechte Leistungen liegen gibt die Messung nicht an.

---

32 Poll, Roswitha (1996), S. 16
33 te Boekhorst, Peter (1995b), S. 280

1996 erschien bei der IFLA ein Handbuch unter dem Titel "Measuring Performance: International Guidelines for Performance Measurement in Academic Libraries". Eine Arbeitsgruppe der IFLA hat sich seit 1991 mit dem Thema der Leistungsmessung beschäftigt. Dabei beschränkt sich das Handbuch auf wissenschaftliche Bibliotheken und stellt einen länderübergreifenden Anspruch in Hinsicht auf seine Anwendbarkeit in Bibliotheken. Dem Bibliothekar werden durch das Handbuch Hilfestellungen bei der Leistungsmessung in der eigenen Bibliothek gegeben. Der einzelne Indikator wird genau definiert und die Ziele seiner Anwendung werden erläutert. Ausführlich wird erklärt, wie die entsprechenden Daten zu sammeln sind und wie man das Ergebnis berechnet. Erklärungsmuster zur richtigen Einordnung der ergebnisse werden gegeben.

Auf der einen Seite haben die Indikatoren Gemeinsamkeiten mit den ermittelten statistischen Daten. Sie geben eine genaue Definition des untersuchten Gegenstandes, sie sind generell anwendbar und ermöglichen eine Vergleichbarkeit mit ähnlich strukturierten Bibliotheken. Auf der anderen Seite sind die Leistungsindikatoren benutzerbezogen und versuchen die Qualität der Dienstleistungen der Bibliothek zu messen. Sie sind sehr vielschichtig, da sie durch die Gegenüberstellung verschiedener Variablen entstehen und dadurch ist der Aufwand bei der Durchführung einer Leistungsmessung größer als das einfache Zusammentragen von Daten für eine Statistik. Es gibt Leistungskriterien für folgende Bibliotheksbereiche: Bibliotheksbenutzung, Bestandsqualität, Katalogqualität, Zugänglichkeit, Bereitstellungszeit, Auskunftsdienst und Benutzerzufriedenheit.

6.3.4 Schriftliche Umfrage und Interview

Es gibt mehrere sozialwissenschaftliche Analysemethoden, die angewandt werden können, um die Leistung der Bibliothek zu überprüfen. In erster Linie gibt es die Instrumente, die traditionell in Bibliotheken angewandt werden, um Informationen vom Benutzer zu erlangen. Dazu zählen die schriftliche Umfrage und das Interview. Auf eine ausführliche Erläuterung der Planung und Durchführung der beiden Methoden wird hier verzichtet.

Bei der Erstellung eines Fragebogens ist sorgfältig vorzugehen und es wird ein Pretest empfohlen, um festzustellen, ob die Fragen für den Benutzer verständlich sind und alle möglichen Antworten bedacht worden sind. Auch mögliche Schwierigkeiten mit verwendeter Fachsprache können hier entdeckt werden. Bevor der Fragebogen an alle Benutzer oder eine Stichprobengruppe ausgeteilt wird sollten die übrigen Bibliotheksmitarbeiter von der Aktion in Kenntnis gesetzt werden: Einerseits um über die Aktionen in der Bibliothek informiert zu sein, andererseits um sie auf eventuell auftretende Fragen vorzubereiten. Im Vergleich zu Fragebögen sind Interviews zeit- und personalintensiver.

6.3.5 Checklisten

Ein weiteres Instrument der Qualitätsprüfung sind sogenannte Checklisten. Fachwissenschaftler stellen eine Liste von Titeln zusammen, die ihrer Meinung nach zum Kernbestand einer wissenschaftlichen Bibliothek gehören. Diese Listen können dann zur Überprüfung der eigenen Bestandsqualität benutzt werden. Diese Checklisten sind allerdings kritisch zu betrachten, da sie objektiv sind und sich nicht an den Benutzerwünschen orientieren.

6.3.6 Beobachtung

Auch durch Beobachtung läßt sich die Qualität einer Bibliothek überprüfen. Die Beobachtung kann man in die versteckte und die offene Beobachtung unterteilen. Bei der versteckten Beobachtung weiß der Benutzer nicht, daß er von einem Bibliotheksmitarbeiter beobachtet wird. Diese Beobachtung kann während des ganzen Bibliotheksbesuches stattfinden (Wie findet sich der Benutzer zwischen den Regalen zurecht? Was tut er in der Bibliothek?), es können aber auch nur Teilaspekte, etwa die Katalognutzung, beobachtet werden. Hier bietet sich mit Hilfe der Technik die Möglichkeit am OPAC einen Recherchemittschnitt zu erstellen. Ein Schwachpunkt der versteckten Beobachtung ist, daß der Benutzer sein Verhalten sofort ändert, wenn er weiß, er wird beobachtet. Dieses ist auch der Nachteil, wenn man eine offene Beobachtung durchführt. Der Benutzer weiß, er wird beobachtet und verhält sich dementsprechend anders als sonst.

6.3.7 Simulation

Um die Schwierigkeit der Beobachtung zu umgehen kann man eine Simulation des Benutzerverhaltens durchführen. Es wird eine Testperson ausgewählt, deren Verhalten dann untersucht wird. Sehr wichtig ist dabei die richtige Auswahl der Testperson, um später die Ergebnisse verallgemeinern zu können. Mit dieser Methode kann man nicht nur feststellen, wie einfach oder schwer es der Testperson fällt ein Buch im Katalog zu finden oder das entsprechende Buch auszuleihen, sondern auch, wie kundenfreundlich die Mitarbeiter sind. Dazu wird, nach einer Beratung durch einen Mitarbeiter, ein Bewertungsbogen von den Testpersonen ausgefüllt. Da es sich bei dem Werturteil um die subjektive Meinung der Testperson handelt, sollten die Testpersonen vorher geschult werden und einen standardisierten Bewertungsbogen benutzen.

6.3.8 Tagebuchverfahren

Eine kaum angewandte Methode der Qualitätsüberprüfung ist das Tagebuchverfahren. Hierbei wird der Benutzer gebeten, über alle seine Tätigkeiten in der Bibliothek ein genaues Tagebuch zu führen. Allerdings ist auch hier, genau wie bei der offenen Beobachtung, zu beachten, daß der Benutzer sich anders verhalten wird, da er weiß, er wird beobachtet.

6.3.9 ISO CD 111620

Auch die ISO hat sich dem Thema der Leistungsmessung angenommen. Die Arbeitsgruppe "Bibliotheksstatistik" befaßt sich mit der Erstellung eines internationalen Standards für Leistungsindikatoren. In dieser Arbeitsgruppe sind Experten aus acht Ländern vertreten: sie haben einen Entwurf vorgelegt (Committee Draft 11620), der nun zur Diskussion vorliegt. Ein großer Vorteil des Entwurfs ist, daß er zu einer Vereinheitlichung der Terminologie führt. Allerdings gibt es auch schon Kritik an diesem Entwurf. So beschreib te Bokhorst die Indikatoren in der ISO als zu isoliert betrachtet und deren Definition als zu ungenau. Da der Standard für alle Bibliothekstypen weltweit gelten soll, ist natürlich die Auswahl passender Indikatoren für die eigene Bibliothek recht schwierig, außerdem enthält der ISO-Entwurf auch Kostenkriterien. (Es gibt Indikatoren, die exakte Aussagen über Durchschnittskosten pro Bibliotheksbenutzer oder pro katalogisierten Titel ermöglichen). Kostenkriterien wurden jedoch wegen ihrer großen Unterschiedlichkeit von der IFLA-Arbeitsgruppe nicht berücksichtigt.[34]

---

34 te Boekhorst, Peter (1995b), S. 281

6.3.10 Benchmarking

Indikatoren können nicht nur benutzt werden, um innerhalb der Bibliothek festzustellen, wie sich die Leistung verändert hat, sondern sie können auch zum Vergleich zwischen Bibliotheken benutzt werden. Dieser Vergleich wird als Benchmarking bezeichnet. Es geht dabei darum, die eigenen Arbeitsabläufe, Dienstleistungen und Produkte mit denen anderer Anbieter zu vergleichen und anschließend zu verbessern. Dabei sucht man einen Vergleichspartner, der als Bester auf dem zu vergleichenden Bereich gilt. Man stellt die Unterschiede zwischen dem eigenen Arbeitsablauf und dem des Vergleichspartners fest und versucht dessen Ideen auf den eigenen Arbeitsbereich anzuwenden, um diesen zu verbessern. Ein wichtiger Aspekt dabei ist, daß immer nur punktuell verglichen werden kann, da keine Bibliothek wirklich der anderen genau gleicht. Die Faktoren Personen, Ressourcen und Technologien werden immer unterschiedlich sein.

Man kann zwei Arten des Benchmarking unterscheiden[35]. Zum einen den Leistungsvergleich. Dabei wird eine Leistung der Bibliothek mit der gleichen Leistung einer anderen Bibliothek verglichen (Katalogisierung, Ausleihe, Recherche etc.). Zum anderen ein Prozeß-Benchmarking. Hier werden bestimmte Funktionen der Bibliothek mit denen anderer Organisationstypen verglichen. Beispielsweise wird das Einstellen von Produkten in einer Supermarktkette mit dem Einsortieren von Büchern, oder die Art wie Banken ihren Schalterdienst handhaben mit dem Auskunftsdienst einer Bibliothek verglichen.

Wie der eigentliche Vorgang des Benchmarking vor sich geht unterscheidet sich von Bibliothek zu Bibliothek. Susan Jurow schlägt ein Sechs-Phasen-Modell vor[36], Ferne Allan spricht von

---

35 vgl. Jurow, Susan (1993), S. 122
36 vgl. Jurow, Susan (1993), S. 123-124

12 Stufen[37]. Jede Bibliothek muß für sich selber das geeignete Vorgehen finden, abhängig von der eigenen Organisation und dem eigenem Leistungsstand. Benchmarking muß dabei immer als ein Prozeß verstanden werden, mit dem die Qualität der Bibliothek ständig verbessert werden soll. Es ist daran zu denken, daß auch die Organisation mit der man sich vergleicht sich ständig weiterentwickelt und daher immer wieder neu beurteilt werden muß.

Natürlich gibt es bei diesem Vorgehen auch einige Probleme. So wird kein Bibliothekar sich gerne nachsagen lassen, er würde den anderen Bibliotheken alles nachmachen. Dabei handelt es sich im Benchmarking nicht um ein einfaches Übernehmen der Ideen anderer, sondern diese Ideen müssen auf die eigene Bibliothek umgesetzt werden. Ein anderes Problem ist, daß viele Bibliotheken stolz sind auf das, was sie erreicht haben und ihre Ideen nicht weitergeben wollen. Es kann auch Unverständnis herrschen, warum man einen Arbeitsablauf einer anderen Bibliothek übernehmen soll, wenn der eigene Ablauf doch recht gut funktioniert.

Da im Bibliotheksbereich kein direkter Wettbewerb herrscht und jede Bibliothek sich von der nächsten wieder unterscheidet, sollte man statt des direkten Benchmarking besser von einer Kooperation der Bibliotheken ausgehen, in der jede Bibliothek ihre Daten und Ideen zur Verfügung stellt und die anderen Bibliotheken davon profitieren können. Das Arbeiten mit einheitlichen Leistungsindikatoren ist sicherlich ein guter Schritt in diese Richtung.

Wichtig bei der Leistungsmessung ist, daß die Messungen regelmäßig wiederhilt werden. Bei der ersten Messung bekommt man nur einen Überblick über den derzeitigen Leistungsstand der Bibliothek, bei wiederholten Messungen ist zu erkennen, ob und

---

37 vgl. Allan, Ferne C. (1993), S. 125-126

wie sich die Leistung verändert hat. Dabei ist darauf zu achten, daß nicht nur regelmäßig, sondern auch unter den immer gleichen Bedingungen gemessen wird. Wenn man eine Benutzerumfrage zu Semesterbeginn durchführt, wird diese mit Sicherheit anders aussehen als eine Umfrage zu einer Zeit, zu der sich die Erstsemester mit der Bibliothek schon vertraut gemacht haben.

Neben der Tatsache, daß mit der Leistungsmessung festgestellt wird, wie die Qualität der Bibliothek zu beurteilen ist und ob die Maßnahmen des Qualitätsmanagements greifen, kann man die erhobenen Daten auch zu anderen Zwecken gebrauchen. So zum Beispiel in der Öffentlichkeitsarbeit, um die Benutzer darüber zu informieren welche Aktivitäten und Dienstleistungen angeboten werden und wie die Geldmittel eingesetzt werden. Auch dem Geldgeber gegenüber kann man die Daten benutzen, um die Qualität und Leistung der Bibliothek durch Zahlen beweisen zu können und somit einen Fortbestand zu rechtfertigen.

6.4 Qualitätsdarlegung

Die letzte Phase in dem Regelkreis nach Lehmann ist die Qualitätsdarlegung.

Die DGQ definiert Qualitätsdarlegung wie folgt: "Alle geplanten und systematischen Tätigkeiten, die innerhalb des Qualitätsmanagementsystems verwirklicht sind, und die wie erforderlich dargelegt werden, um ausreichendes Vertrauen zu schaffen, daß die Angebotsprodukte die jeweiligen Qualitätsanforderungen erfüllen werden."[38] Sie dient zum einen dazu, den Mitarbeitern gegenüber Vertrauen in die eigene Qualitätsfähigkeit zu schaffen. Dieses Vertrauen wiederum motiviert die Mitarbeiter. Zum anderen dient eine Qualitätsdarlegung dazu, sich gegenüber dem Kunden zu

---

38 DGQ (1993), S. 132

profilieren. Als drittes dient sie auch als Grundlage für eine Zertifizierung.

Zur Qualitätsdarlegung zählen mehrere Instrumente, auf die im folgenden näher eingegangen werden soll.

6.4.1 Qualitätsmanagement-Handbuch[39]

Das QM-Handbuch legt die Qualitätspolitik der Bibliothek dar. Das QM-System wird darin beschrieben, ebenso der Prozeß des Dienstleistungsdesigns und die tatsächlichen Dienstleistungen, die die Bibliothek erbringt. Dazu zählen die Aufbau- und Ablaufstrukturen des QM-Systems, die Dienstleistungselemente und die Qualitätsanforderungen an diese. Im QM-Handbuch werden außerdem die Zuständigkeiten und Verantwortlichkeiten festgelegt. Bei dem Dokument sollte es sich um eine möglichst kurze Darstellung handeln, die dazu dienen kann das Vertrauen der alten Kunden zu bestärken und neue Kunden hinzuzugewinnen. Aus diesem Grund werden die umfangreichen Arbeitsabläufe und Arbeitsanweisungen separat beschrieben und oft nicht im QM-Handbuch aufgeführt.

Es gibt drei verschiedene Möglichkeiten ein QM-Handbuch aufzubauen[40]: Zum einen ein Handbuch, dessen Gliederung die genaue Reihenfolge der Erfordernisse der Normen wiedergibt. Dieses scheint für die Bibliothek sehr einfach zu sein und wird von den Zertifizierern bevorzugt. Sie können auf einen Blick erkennen, ob alle Erfordernisse eingehalten wurden. Der Nachteil dieser Struktur liegt darin, daß sie ein starres Korsett für das QM-System der Bibliothek bildet.

---

39 Darstellung zu diesem Gliederungspunkt nach: Johannsen, Carl G. (1995a), S. 231-242; Lohmheim, Ingar (1995), S. 48-56
40 Johannsen, Carl G. (1995a), S. 240

Eine andere Möglichkeit ist, das QM-Handbuch in einer logischen Abfolge aufzubauen. Dabei bildet man drei Hauptgruppen, die nacheinander beschrieben werden. Den *Rahmen*: dort werden die Elemente Verantwortung der Leitung und Korrekturmaßnahmen festgelegt; *Lebenslauf- Aktivitäten*: hier findet man zum Beispiel die Elemente Vertragsprüfung und beigestellte Produkte und *Unterstützende-Aktivitäten*: dazu zählen die Elemente der Dokumentenprüfung und die Kontrolle nicht konformer Produkte.

Die dritte Möglichkeit ein QM-Handbuch aufzubauen besteht darin, sich nach den Prozessen und der Organisationsstruktur zu richten, also ein Aufbau geprägt durch die Umgebung der Bibliothek. Die einzelnen Elemente der Norm werden den Aspekten der Bibliothek zugeordnet.

Es ist anzumerken, daß nicht immer alle Elemente der Norm vertreten sein müssen, allerdings muß im QM-Handbuch erläutert werden, warum ein bestimmtes Element nicht miteinbezogen wurde.

Eine Arbeitsgruppe von Bibliothekaren in Norwegen hat einen Leitfaden herausgegeben, wie ein QM-Handbuch gestaltet sein sollte.[41] Die Einleitung sollte durch den Bibliotheksleiter erfolgen, danach ist eine Erläuterung der notwendigen Fachbegriffe angebracht. Die Qualitätsziele der Bibliothek und ihre Qualitätspolitik sollten genannt werden. Das Handbuch sollte ein Organigramm der Bibliothek enthalten und ein Qualitätssicherungsmodell. Zum Schluß sollten noch Verweise auf die nationalen und internationalen Normen gegeben werden.

---

41 vgl. Lomheim, Ingar (1995), S. 49

6.4.2 Arbeitsabläufe

Diese Form der Dokumentation beschreibt, wie tägliche Arbeiten, die die Qualität beeinflussen ausgeführt werden, von wem sie ausgeführt werden, wann und wie sie ausgeführt werden. Besonders wichtig bei der Erfassung von Arbeitsabläufen ist, daß wirklich auch das getan wird, was aufgeschrieben wurde und nicht ein optimaler Arbeitsablauf beschrieben wird, der aber so nicht existiert.

Arbeitsablaufunterlagen können die Arbeit der Mitarbeiter erleichtern, da sie als Nachschlageinstrument dienen, mit denen Mitarbeiter Vertretungen übernehmen und neue Mitarbeiter eingearbeitet werden können.

Die beste Art Arbeitsabläufe zu erfassen ist, sie von den einzelnen Mitarbeitern selber aufschreiben zu lassen. Würden sie von der Bibliotheksleitung oder einem Qualitätsberater erfaßt, bestünde die Gefahr, das die Abläufe nicht die Wirklichkeit wiedergeben. Außerdem bekommt der Mitarbeiter das Gefühl, daß er nicht selber für die Qualität seiner Arbeit zuständig ist, sondern derjenige, der den Arbeitsablauf notiert hat.

Es gibt mehrere Möglichkeiten einen Arbeitsablauf darzustellen. Die Möglichkeiten reichen von der rein verbalen Beschreibung, bis hin zu graphischen Darstellungsarten, wie dem Flußdiagramm.

Bei einem Flußdiagramm werden die einzelnen Schritte durch Verwendung von Symbolen verständlich gemacht. Der Vorteil dieser Darstellungsart ist, das Verzweigungen, Verknüpfungen und Rückkopplungen einfach dargestellt werden können. Bei der Form und Benennung der Symbole kann man die DIN 66001 (Informationsverarbeitung: Sinnbilder und ihre Anwendung) zu Rate ziehen.

Eine andere Möglichkeit Arbeitsabläufe aufzuzeichnen ist das folgende Kategorienschema auszufüllen:[42]

- Zweck:
  Hier wird das Ziel der Arbeitsablaufs genannt

- Reichweite:
  Mitarbeiter und Arbeitsbereiche, die von dem Arbeitsablauf betroffen sind werden aufgelistet

- Definitionen:
  Wörter, Begriffe und verwandte Abkürzungen werden erklärt

- Bemerkungen:
  Hinweise auf andere Dokumente, die mit dem Arbeitsablauf in Beziehung stehen

- Verantwortung:
  Der Verantwortliche für die Änderungen der Arbeitsabläufe und die Einhaltung derselben wird festgehalten

- Arbeitsablauf:
  Beschreibung wer, was, wann, wo macht

- Anhänge:
  Formulare und andere Dokumente, die für das bessere Verständnis des Arbeitsablaufs nützlich sind

6.4.3 Arbeitsanweisungen

Die nächst detailliertere Stufe der Beschreibung sind Arbeitsanweisungen. Sie sind Gedächtnisstützen für die einzelnen Mitar-

---

42 vgl. Ellis, Debie (1996), S. 72

84

beiter. Bei der Darstellungsform und der Erfassung unterscheiden sie sich nicht von der Arbeitsabläufen. Sie sind allerdings wesentlich genauer und beschreiben einen bestimmten Arbeitsgang bis in das kleinste Detail (zum Beispiel das Einloggen in einen Computer).

Ein Beispiel wie eine solche Arbeitsanweisung zu mehr Kundenzufriedenheit führen kann ist eine Checkliste für eine Online-Recherche. Durch eine Checkliste kann der Mitarbeiter prüfen, ob er alle wichtigen Punkte für die Recherche berücksichtigt hat (Recherche-Zeitraum, Sprachliche Einschränkung, Kosten, bis zu welchem Datum die Daten vorliegen müssen etc.).Die Bibliothek sichert sich somit ab, daß sie auch wirklich die Kundenwünsche berücksichtigt hat. Ohne eine solche Checkliste kann es zu unterschiedlichen Vorstellungen der Recherche zwischen Benutzer und Bibliothekar kommen. Da der Benutzer die Kosten der Recherche tragen muß, wird er auch Wert auf eine angemessene Leistung legen.

6.4.4 Qualitätsstatistik

Die Qualitätsstatistik legt dar inwieweit die Dienstleistungsqualität erreicht wurde. Auf welche Art und Weise dieses geschehen kann, wurde bereits im Kapitel "Qualitätsprüfung" (Kapitel 6.3) näher erörtert. Hier sei nur noch einmal erwähnt, daß die Daten sowohl zum bibliotheksinternen Vergleich, als auch zum Benchmarking herangezogen werden können.

6.4.5 Audit[43]

Ein Qualitätsaudit dient zur Aufdeckung von Schwachstellen. Die Qualitätslenkungsmaßnahmen werden überprüft und es wird festgestellt, ob Verbesserungen und Korrekturen notwendig sind. Ein Audit kann sich auf einzelne Verfahren, Produkte, Dienstleistungen oder das ganze QM-System beziehen. Hauptverantwortlich für ein Audit ist die Bibliotheksleitung, durchgeführt wird es aber entweder von Externen, oder von Mitarbeitern, die in dem zu prüfendem Bereich keine direkte Verantwortung haben. Wichtig bei einem Audit ist, daß es regelmäßig durchgeführt wird, um eventuelle Abweichungen feststellen zu können.

Man unterscheidet drei Arten von Audits:

- First Party Audit:
  Dieses Audit wird von der Bibliothek selber durchgeführt.

- Second party Audit:
  Dieses Audit wird von Unterhändlern oder Verkäufern durchgeführt.

- Third Party Audit:
  Dieses Audit wird von einem externen unabhängigen Prüfer durchgeführt.

Bei einem Audit wird geprüft, ob die Bibliothek auch wirklich das tut, was sie in ihren Dokumenten (QM-Handbuch, Arbeitsabläufen und Arbeitsanweisungen) vorgibt zu tun. Das bedeutet, daß die Dokumente als Grundlage für ein Audit dienen. Es läßt sich feststellen, ob die Qualitätsziele der Bibliothek erreicht wurden. Ein Audit ist keinesfalls ein Überprüfen der Mitarbeiter. Es soll nicht nach Fehlern von Mitarbeitern oder im System gesucht

---

43 Darstellung zu diesem Gliederungspunkt nach Wedlake, Linda J. (1993), S. 23-30

werden, sondern es soll festgestellt werden , ob das System effektiv arbeitet und wo Verbesserungen möglich sind.

Ein Audit sollte regelmäßig mindestens einmal pro Jahr durchgeführt werden. Gibt es Bereiche, die für die Qualität sehr wichtig sind, sollten sie öfters geprüft werden. Dabei sollte man sich an einen vorher ausgearbeiteten Zeitplan halten. Dieser Zeitplan enthält Angaben darüber, wann bestimmte Abläufe eingeführt sein sollen und wann sie geprüft werden sollen. Ebenso wird geprüft wann die Korrekturen durchgeführt werden, wann die Rückmeldung zur erfolgreichen Durchführung der Korrekturen zu erfolgen hat und wann schließlich die Korrekturmaßnahmen geprüft werden. Dieser Zeitplan hat den Vorteil, daß jeder in der Bibliothek weiß, an welchem Punkt des Audits man sich gerade befindet und wann das nächste Audit ansteht. Der Auditor sollte eine spezielle Schulung besucht haben, in der er die Arbeitsweise eines Auditors und die Hintergründe eines Audits kennenlernt.

Vor Durchführung eines Audits ist es sinnvoll die entsprechende Abteilung rechtzeitig noch einmal auf das bevorstehende Audit hinzuweisen. So kann der Auditor sicher sein einen Ansprechpartner in der Abteilung vorzufinden, der sich auf das Gespräch vorbereitet hat. Der Auditor sollte sich vorher mit den Arbeitsabläufen beschäftigen und eine Frageliste dazu erstellen. Um einen guten Start und ein gutes Gelingen des Audits zu erreichen sollte der Auditor sich zu Anfang vorstellen, den Zeitablauf, sowie Gründe und Verlauf des Audits erläutern. Viele Mitarbeiter stehen dem Audit kritisch gegenüber, da sie die Suche nach Fehlern in ihrer Arbeit für dessen Zweck halten. Wenn man ihnen diese Angst genommen hat, kann eine gute Arbeitssituation für den Auditverlauf entstehen. Der Auditor sollte dann genau beobachten, wie die einzelnen Arbeiten in der Abteilung durchgeführt werden. Wichtig ist, bei Unklarheiten direkt nachzufragen und nicht Vermutungen anzustellen. Der Auditor sollte sich Notizen zur vorgefundenen Situation machen und sich dabei auf das wesentliche konzentrieren. Da er als Außenstehender eine andere Sicht der Dinge hat, sollte er alle positiven und negativen Aspekte, die er bemerkt hat, ansprechen. Über gefundene Fehler muß er mit den entsprechenden Mitarbeitern ein Übereinkommen zu der Korrektur finden und dieses schriftlich festhalten. Am Ende des Audits sollte der Auditor sich für die Zeit und Hilfe der Mitarbeiter bedanken und das weitere Vorgehen erläutern.

Über das Audit wird ein Report verfaßt, der die genaue Beschreibung des Audits enthält: Ort, beteiligten Personen, Untersuchungsgegenstand, grundlegende Normen der vorgefundenen Arbeitsgänge und beschlossene Maßnahmen werden eingehend skizziert. Außerdem enthält der Report die Unterschrift des Auditors und des Mitarbeiters, der am Audit beteiligt war.

Wurden Abweichungen von den schriftlich niedergelegten Dokumenten festgestellt, so wird ein Nicht-Konformitäts-Report erstellt. Die Lösung, durch die das entsprechende Dokument und die dazugehörige Handlung in Einklang gebracht werden kann, wird aber der einzelnen Abteilung überlassen. Es wird ein Termin festgesetzt, bis zu dem die Lösung eingeführt und dokumentiert sein soll. Zur Überprüfung der Einführung wird ein erneutes Audit angesetzt.

6.4.6 Zertifizierung

Eine Zertifizierung ist eigentlich nicht anderes als ein Audit, es wird allerdings von einer externen Zertifizierungsgesellschaft durchgeführt. Bei Bestehen der Zertifizierung erlangt man ein Zertifikat das bestätigt, daß die Bibliothek ein QM-System nach der entsprechenden Norm (9001 oder 9002) eingerichtet hat.

Eine Zertifizierung ist nicht unbedingt notwendig: sie kostet viel Geld und Zeit, allerdings kann sie für die Bibliothek ein richtiger

Schritt sein, der auch viel zur Motivation der Mitarbeiter beiträgt und die Bibliothek in das Rampenlicht der Öffentlichkeit rückt. In Deutschland gibt es zur Zeit noch keine Bibliothek, die ein Zertifikat erlangt hat. Im Frühjahr 1997 hat sich allerdings das Fachinformationszentrum Chemie in Berlin zertifizieren lassen.

Wenn man sich als Bibliothek zertifizieren lassen will sollte das QM-System mindestens seit 3 oder 4 Monaten eingeführt sein und funktionieren. Am Anfang steht ein Anfangsbesuch der Gesellschaft. Beide Partner können sich kennenlernen, es wird festgelegt ob eine Zertifizierung nach 9001 oder 9002 angestrebt wird. Weiterhin werden die Dokumentationen des QM-Systems ausgehändigt und das weitere Vorgehen wird besprochen. Wenn man sich sehr unsicher ist, auf welchem Entwicklungsstand sich das QM-System der Bibliothek befindet, kann man ein Voraudit durchführen. Bei der eigentlichen Zertifizierung werden dann alle Dokumente der Bibliothek dahingehend geprüft, ob die notwendigen Elemente der Norm vorhanden sind, das Qualitätsmanagement also theoretisch steht. Anschließen wird untersucht, ob auch wirklich das getan wird, was aufgeschrieben worden ist. Ein Zertifizierungsteam braucht mehrere Tage, um die Prüfung in der Bibliothek durchzuführen. Am Anfang sollte eine Vorstellung der Prüfer und eine kurze Erklärung der Vorgehensweise stehen, bevor die Zertifizierer in kleinen Gruppen die einzelnen Abteilungen prüfen. Bei einem letzten Treffen stellt der führende Zertifizierer dann die Resultate vor. Wenn keine Fehler aufgetreten sind, kann die Bibliothek das Zertifikat sofort erhalten. Sind leichte Fehler aufgetreten, kann man einen Zeitpunkt festlegen, bis zudem die Korrekturen erfolgt sein müssen. Als Beweis reicht dann eine Zusendung der entsprechend korrigierten Dokumente. Treten schwere Fehler auf, so kann es zu einer nochmaligen Prüfung der Bibliothek kommen, nachdem die Korrekturmaßnahmen durchgeführt worden sind.

Hat die Bibliothek ein Zertifikat erlangt, so muß sie dafür sorgen, daß die Forderungen der Norm auch weiterhin beachtet werden. Um dieses zu gewährleisten wird eine jährliche Überprüfung der Zertifizierungsgesellschaft durchgeführt. Nach jeweils drei Jahren wird eine komplette neue Zertifizierung durchgeführt. Falls der Verdacht besteht, daß Fehler im QM-System aufgetreten sind und die Forderungen der Norm nicht mehr eingehalten werden kann jederzeit das Zertifikat aberkannt werden.

Es ist selbstverständlich, daß so eine Zertifizierung viel Arbeit mit sich bringt und auch für Aufregung in der Bibliothek sorgt. Jeder Bibliothek muß für sich entscheiden, ob sich dieser Aufwand lohnt. Im produzierenden Bereich wird das Zertifikat häufig von den Kunden verlangt und dient als Voraussetzung der Wettbewerbsfähig. Für den Bibliotheksbereich bietet das Zertifikat die Möglichkeit zu beweisen, daß effektiv gearbeitet wird.

6.4.7 Lenkung von Dokumenten

QM-Handbuch, Arbeitsabläufe und Arbeitsanweisungen sind schriftlich niedergelegte Dokumente. Ein QM-System erfordert, daß diese Dokumente entsprechend gelenkt werden. Für ein Audit und eine Zertifizierung sind diese Dokumente die Arbeitsgrundlage und daher ist ein sorgfältiger Umgang mit ihnen erforderlich. Unter der Lenkung von Dokumenten versteht man die permanente Kontrolle, welches Dokument aktuell ist, was mit dem alten Dokument geschah, welche Mitarbeiter welche Dokumente benötigen usw. Dieses setzt voraus, daß die Verwaltung der Dokumente an einer zentralen Stelle geschieht, die dieses alles koordiniert. Die geeignetste Person dafür ist der Qualitätskoordinator. Er fertigt eine sogenannte Master-Liste an. Die Master-Liste gibt darüber Auskunft, welches Dokument in welcher Version gerade aktuell ist. Darüber hinaus gibt es eine zweite Liste, die genaue Angaben darüber enthält, welcher Mitarbeiter welche Dokumente benötigt. Wenn es zu einer Aktualisierung eines Dokuments kommt, so kann der Qualitätskoordinator anhand dieser Liste feststellen, welche Mitarbeiter eine Neuauflage bekommen müssen. Außerdem kann er anhand der Liste auch kontrollieren, ob die alten Versionen der Dokumente zurückgegeben wurden.

Zur Eindeutigen Kennzeichnung der einzelnen Dokumente empfiehlt sich eine Zählung die unmißverständlich und sinnvoll ist. Zum Beispiel:

AB-FL-1 (Arbeitsablauf – Fernleihe – Nummer 1) oder
AN-KAT-2 (Arbeitsanweisung – Katalogisierung – Nummer 2)

Außerdem ist auf eine Seitenzählung zu achten, die genau angibt, wieviele Seiten das Dokument besitzt und die wievielte Seite gerade vorliegt (z.b.: "3/6" die dritte Seite von insgesamt sechs Seiten).

Es stellt sich natürlich die Frage, ob im heutigen Zeitalter der Digitalisierung ein solcher Arbeitsaufwand zur Verwaltung von schriftlichen Dokumenten noch notwendig ist. Ist hier EDV-Einsatz nicht eher angebracht? Da die meisten Dokumente heute mit modernen Textverarbeitungsprogrammen erstellt werden, liegt natürlich die Idee nahe, die Dokumente nicht mehr auszudrucken, zu kopieren und über den Bibliotheksverteiler den Mitarbeitern zukommen zu lassen, sondern den Mitarbeitern die Dokumente über den Arbeitsplatzrechner zugänglich zu machen.

Bei dieser Methode muß man sicher gehen, daß jeder Mitarbeiter weiß wie er an seine Arbeitsabläufe und Arbeitsanweisungen im Computer kommt und das jeder die entsprechende technische Voraussetzung am Arbeitsplatz hat. Außerdem fällt es dem Menschen immer noch recht schwer lange Dokumente am Bildschirm zu lesen. Die Mitarbeiter werden sich also wahrscheinlich die Dokumente ausdrucken. Hier ist die Aktualität der im Umlauf befindlichen Ausdrucke zu kontrollieren. Ein weiterer Punkt ist, darauf zu achten, daß der normale Mitarbeiter die Dokumente zwar einsehen, aber nicht ändern kann.

Neben all den Problemen bietet ein Angebot der Dokumente über den Computer natürlich auch Vorteile. Durch die Zuweisung von Paßwörtern kann man Mitarbeitern den gezielten Zugriff zu den benötigten Dokumenten gewähren. Die Dokumente werden an einer Stelle zentral vorgehalten und man ist sicher, daß jeder Mitarbeiter die jeweils gültige Version des Dokumentes am Bildschirm sieht. Korrekturen und Änderungen sind einfach vorzunehmen. Jeder Mitarbeiter hat die Neuerungen direkt zur Verfügung, eine zeitaufwendige Verteilung durch Kopieren und Zustellen der neuen Versionen entfällt. Es ist allerdings ratsam, die neue Version eines Dokumentes per E-Mail den einzelnen Mitarbeitern oder Mitarbeitergruppen mitzuteilen, um sie darauf aufmerksam zu machen.

Eine Darstellung der Dokumente kann man sich in Form eines Intranets vorstellen. Dieses ist ein betriebsinternes Datennetz. Die Mitarbeiter können die für sie relevanten Dokumente einsehen und eventuell ausdrucken. Welche Darstellungsform dabei gewählt wird, bleibt der Bibliothek überlassen. Es gibt die Möglichkeit die Dokumente als einfache Textdateien abzulegen, sie als Flußdiagramm graphisch aufzuarbeiten oder auch als Hypertext-Dokument zur Verfügung zu stellen. Die Art der Darstellung hängt ganz von den technischen Mitteln und der Philosophie der Bibliothek ab. Wichtig ist nur, daß jederzeit das gerade gültige Arbeitsdokument für den entsprechenden Mitarbeiter zur Verfügung steht.

7 Implementierung eines Qualitätsmanagement-Systems

Welche Möglichkeiten gibt es nun für eine Bibliothek, die aufgeführten Instrumente und Denkweise des TQM umzusetzen? Dieses Kapitel soll einige Möglichkeiten aufzeigen, aber auch die Probleme aufführen, die mit der Einführung eines QM-Systems verbunden sind.

7.1 Umsetzungsmöglichkeiten

Es gibt nicht den idealen Weg zu einem funktionierenden System, der einfach zu beschreiben und nachzugehen wäre. Vielmehr gibt es viele verschiedene Wege und jede Bibliothek muß für sich entscheiden, welcher für sie der richtige ist. Es lassen sich jedoch einige allgemeine Grundvoraussetzungen nennen, die auf jedem Fall beachtet werden sollten: Zum einen ist dies die überaus hohe Verantwortung, die die Bibliotheksleitung übernimmt. Sie ist dafür zuständig die Rahmenbedingungen zu schafffen, die die Einführung eines QM-Systems erst möglich machen. Dazu zählt die Bereitstellung von Zeit für die Mitarbeiter und den benötigten Ressourcen, aber auch ein Vorleben der neuen Bibliotheksphilosophie. Zum anderen spielt das Zusammenwirken der Denkweise und der Instrumente eine große Rolle. Nur die Gedanken des TQM einzuführen ohne die dazugehörigen Instrumente zur Hand zu reichen führt zu keiner Verbesserung des Systems. Ebensowenig nutzt eine Einführung der Instrumente wenig, wenn den Mitarbeitern nicht gleichzeitig die dazugehörige Philosophie vermittelt wird.

7.1.1 ISO 9000[44]

Eine Möglichkeit TQM zu betreiben ist die Einführung eines QM-Systems nach ISO 9000. Die Unterschiede zum TQM wurden bereits eingehender beschrieben (Kapitel 5.2). Dabei wurde deutlich, daß die ISO 9000 eine Teilmenge des TQM ist. Wenn man ein QM-System nach ISO 9000 eingeführt hat, so erhält man folgende Startpunkte, von denen man weiter ausgehen kann:

- Man besitzt ein dokumentiertes System.
- Die Prozesse sind standardisiert.
- Die Leistungsmessung wird bereits genutzt, um Verbesserungsmöglichkeiten zu finden.
- Das System wird aus Optimierungsgründen ständig geprüft.

Allen Mitarbeitern in der Bibliothek muß klar sein, daß mit der Zertifizierung der Prozeß der Einführung von TQM nicht abgeschlossen ist. Jetzt müssen alle daran arbeiten, das vorhandenen QM-System ständig zu verbessern und den Benutzer immer in den Mittelpunkt aller Bemühungen zu stellen. Auch die Bibliotheksleitung ist weiterhin gefordert, die Mitarbeiter zu fördern und Schulungen durchzuführen, sowie den Weg des TQM weiterzugehen.

7.1.2 Qualitätsauszeichnungen[45]

Qualitätsauszeichnungen sind ein weiterer Weg, um TQM einzuführen. Da sie bisher in dieser Arbeit nicht vorkamen sollen sie

---

44 Darstellung zu diesem Gliederungspunkt nach: Bradley, Michael (1994), S. 50-54; Johannsen Carl G. (1994), S. 227-239; Wedlake, Linda J. (1993), S. 23-30

45 Darstellung zu diesem Gliederungspunkt nach Penniman, David W. (1993), S. 127-136

kurz erläutert werden. Ihre Funktionsweise und ihr bibliotheksinterner Nutzen sollen ebenfalls besprochen werden.

Qualitätsauszeichnungen sind Preise, die von speziellen Institutionen vergeben werden. Sie stellen eine Auszeichnung der Organisation für hervorragendes Qualitätsmanagement und hervorragende Leistungen dar. Das Ziel der Qualitätsauszeichnungen ist die Verbesserung des Niveaus der Wettbewerbsfähigkeit[46]. Betrachtet man die Bereiche, die geprüft werden, so sieht man, daß die Qualitätsauszeichnungen über die Forderungen der Norm hinausgehen. Es gibt eine Vielzahl von Auszeichnungen, aber die folgenden Prüfungsbereiche sind ihnen alle gemein:

- Kundenzufriedenheit
- Menschen
- Geschäftsergebnisse
- Einfluß auf die Gesellschaft
- Prozesse
- Führung
- Politik und Strategie
- Ressourcen (Finanzen, Informationen, Technologie)

Um eine Qualitätsauszeichnung zu erlangen muß man sich bei der entsprechenden Institution bewerben. Man erhält dann einen Fragebogen über das Qualitätsmanagement des Unternehmens oder muß das System schriftlich beschreiben. Eine formale Prüfung entscheidet, welche Wettbewerber in die zweite Runde gelangen. Dort wird der Betrieb dann praktisch überprüft. Nach Erfüllung

---

46 vgl. Bruhn, Manfred (1996), S.195

aller Kriterien erfolgt die Vergabe des Preises durch die Institution.

Unter den vielen verschiedenen Qualitätsauszeichnungen ist der Malcolm Baldrige National Quality Award (im folgenden: MBNQA) der wohl bekannteste, an dem sich viele andere Auszeichnungen orientieren. Deshalb soll er im folgenden als Beispiel dienen, wie ein solcher Qualitätspreis aufgebaut ist.

Grundlage für den MBNQA ist ein ganzheitliches Qualitätsverständnis, daß die Prinzipien eines TQM berücksichtigt. Um dieses zu prüfen wurden sieben Qualitätskritierien aufgestellt, die in einem Qualitätsmodell in Zusammenhang gebracht werden.

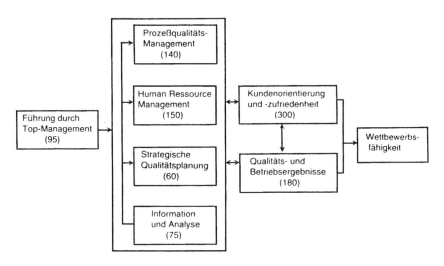

Abb. 12: Qualitätsmodell des MBNQA

Diese Kategorien werden in 28 Subkategorien unterteilt, die nochmals in 91 Einzelpunkte unterteilt werden. Alle Einzelpunkte werden in einem Fragebogen abgefragt.

Wie weit die Qualitätsauszeichnung über die ISO 9000 hinausgeht wird daran deutlich, daß mit der Erlangung eines Zertifikats gerade 300 der 1.000 zu erreichenden Punkte des MBNQA erreicht sind[47]. Dies rührt daher, daß im MBNQA Bereiche abgefragt werden, die in der ISO 9000 so nicht angesprochen sind. Kundenzufriedenheit macht zum Beispiel 30 % des MBNQA aus. Auch die Punkte Geschäftsergebnis und Führerschaft im Wettbewerb werden in der ISO 9000 nicht berücksichtigt. Der Punkt Mitarbeiterzufriedenheit ist beim MBNQA wesentlich stärker ausgeprägt als in der Norm.

Wie kann die Bibliothek diese Qualitätsauszeichnung nun für sich nutzen?

An erster Stelle kann die Bibliothek die Fragenkataloge als Basis für ihre Planung eines QM-Systems nutzen. Dabei richtet sie ihre strategische Planung an den sieben Kategorien aus. Die Subkategorien und Einzelkriterien dienen zur Bildung der Einzelpläne.

Als zweite Möglichkeit kann sie anhand des Fragenkatalogs eine Selbstbewertung durchführen. Das bedeutet, sie benutzt den Fragebogen der Auszeichnung um für sich selber festzustellen an welchem Punkt des Qualitätsmanagements sie steht. Diese Untersuchung kann jedoch ungenau sein, da sie von der Bibliothek selber durchgeführt wird, sie regt aber auf jeden Fall die Qualitätsdiskussion an.

Zum Dritten kann die Bibliothek sich selber bewerten, indem sie sich scheinbewirbt. Sie bildet ein Bewertungsteam innerhalb der Bibliothek, daß anhand der Bewerbungsunterlagen die Bibliothek untersucht. Dieses Vorgehen setzt ein intensiveres Engagement voraus, ist aber mit einem geringen Risiko und geringen Kosten verbunden.

---

47 vgl. Lipp, H.-J. (1994), S. 103

Die letzte Möglichkeit besteht darin sich statt dessen von einer externen Gruppe beurteilen zu lassen, immer noch im Rahmen einer Scheinbewerbung. Dieses hat den Vorteil, daß die anschließende Besprechung viele neue Hinweise und Ideen liefern kann, die von der bibliothekseigenen Gruppe nicht entdeckt worden wären.

Die Kriterien der Qualitätsauszeichnung bietet der Bibliothek also einen sehr ausführlichen Weg sich mit TQM zu beschäftigen.

7.1.3 Beispiele aus dem Bibliotheksbereich

In der Literatur gibt es eine Vielzahl von Beispielen, wie einzelne Bibliotheken versucht haben das Prinzip des TQM umzusetzen. Eine sehr ausführliche Beschreibung gibt Susan Barnard. Dieses Modell diente vielen Bibliotheken als Grundlage und Leitfaden und soll daher näher beschrieben werden[48].

Das Modell beschreibt vier Phasen mit insgesamt zehn einzelnen Schritten.

Phase 1: Erkundung
In dieser Phase beschäftigt sich die Bibliotheksleitung damit, Informationen über TQM zu sammeln. Dabei wird die Literatur zu Rate gezogen, Expertengespräche werden geführt, aber es stehen auch Besichtigungen in anderen Bibliotheken oder Unternehmen an, die sich mit TQM beschäftigen. Es geht darum eine Basis an Grundwissen zu schaffen und zu überlegen, ob TQM für die Bibliothek in Frage kommt und wie weiter vorgegangen werden soll.

---

48 vgl. Barnard, Susan B. (1993), S. 57-70

98

Nach diesem *ersten Schritt* der Orientierung folgt der *zweite Schritt* der Entscheidung über die Implementierung und die Einbeziehung aller Führungskräfte. Dazu wird ein Treffen aller Abteilungsleiter und anderer Mitarbeiter in Schlüsselpositionen angesetzt. Auf diesem Treffen erläutert die Bibliotheksdirektion, warum sie zu dem Schluß gekommen ist QM zu betreiben und es wird allen ausreichend Information zur Verfügung gestellt. Wichtig bei diesem Schritt ist, daß genügend Freiraum für Diskussionen und Fragen gegeben wird, aber auch, daß die Bibliotheksleitung sich voll für die Einführung von TQM einsetzt.

Am Ende der ersten Phase sollten alle wichtigen Entscheidungsträger von der Einführung eines Qualitätsmanagemtns überzeugt sein und sich dafür einsetzen.

Phase 2: Vorbereitung
In der zweiten Phase laufen dann die organisatorischen Vorbereitungen für die Einführung eines QM-Systems. Der *dritte Schritt* umfaßt folgende Einzelteile:

* *Strategische Planung:*
  Der Bibliothek sollten strategische Planungsschritte vertraut sein. Hierzu gehören zum Beispiel die Formulierung von Zielen und das Aufstellen von Aktionsplänen

* *Einschätzung der Organisation:*
  Die Bibliothek sollte eine Einschätzung vornehmen, inwieweit die derzeitige Bibliotheksorganisation sich mit den Gedanken des TQM vereinbaren läßt, wie also der Stand der Bibliothekskultur ist. Nützlich dabei können die schon erwähnten Kriterien des MBNQA sein. Auch gibt es immer mehr EDV-Programme, die zu einer Selbsteinschätzung herangezogen werden können. Ein solches Programm ist ServAs, das im Rahmen des Programms "Qualitätssicherung 1992-1996" des

Bundesministeriums für Bildung, Wissenschaft, Forschung und Technologie für Dienstleister entwickelt wurde[49].

- *Verständnis für den Kunden:*
  Alle Mitarbeiter sollten Seminare zur Schulung der Fähigkeiten Benutzerbedürfnisse zu erkennen und die Zufriedenheit des Benutzers beurteilen zu können besuchen. Dort erlernen die Mitarbeiter auch Strategien und Techniken zur Erhöhung derBenutzerzufriedenheit. Dies gilt auch für die Bibliotheksleitung, die die Mitarbeitern bei dieser Aufgabe unterstützen soll.

- *Bibliotheksauftrag und Leitlinien:*
  Das Leitbild der Bibliothek sollte möglichst früh festgelegt werden. Dadurch haben alle Mitarbeiter eine Vorstellung davon, wie das Ziel der Bibliothek lautet, das es zu erreichen gilt. Dieses Leitbild dient als Ausgangsbasis um die Fern- und Nahziele der Bibliothek zu definieren.

Phase 3: Beginn
Nun sind genug theoretische Kenntnisse vorhanden, um mit der praktischen Arbeit zu beginnen. Als erstes (*Schritt Vier*) gilt es die Dienstleistungen und Produkte der Bibliothek zu erkennen, die internen und externen Benutzergruppen müssen identifiziert werden. In diesem Zusammenhang muß festgestellt werden, welche Dienstleistungen und Produkte für welche Benutzergruppe angeboten werden. Diese Daten können auch schon in der zweiten Phase gesammelt oder nun durch ein Seminar erarbeitet werden.

Schritt Fünf beinhaltet das Erkennen der Kundenwünsche und -bedürfnisse sowohl der externen Kunden, der Benutzer, als auch der internen Kunden, der Mitarbeiter.

---

49 vgl. Eversheim, Walter (Hrsg) (1996)

100

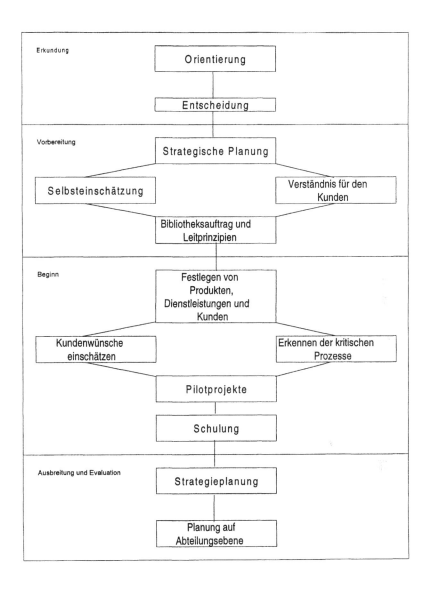

Abb. 13: Modell für die Implementierung eines QM-Systems

Im *sechsten Schritt* werden die kritischen Prozesse identifiziert. Unter kritischem Prozeß versteht man einen Arbeitsablauf, der für den Betrieb der Bibliothek sozusagen lebensnotwendig ist und durch die Benutzerzufriedenheit geprägt ist. Es gibt mehrere dieser Prozesse in jeder Bibliothek. Sie sollten in Teamarbeit erkannt werden und es sollte festgelegt werden, wie ihre Verbesserung gemessen werden kann. Dann legt die Bibliotheksleitung fest, welche Prozesse für erste Pilotprojekte in Frage kommen.

Diese Pilotprojekte werden mit Hilfe von Qualitätszirkeln (siehe Kapitel 6.2.2.2) durchgeführt (*Schritt Sieben*).

Es ist selbstverständlich, daß die Mitglieder eines Qualitätszirkels in den notwendigen Techniken geschult werden müssen. Dieses geschieht im *achten Schritt*. Hier wird deutlich, daß die einzelnen Schritte nicht immer linear ablaufen, sondern auch parallel, da die Schulung gleichzeitig mit der Arbeit im Qualitätszirkel geschehen muß.

Phase 4: Ausbreitung und Evaluation
In dieser Phase werden die Verbesserungsvorschläge, die in den Qualitätszirkeln erarbeitet worden sind, in der Bibliothek eingeführt und die Ergebnisse der Pilotprojekte werden für alle Mitarbeiter der Bibliothek sichtbar. Die Ergebnisse werden beurteilt und neue Verbesserungsmöglichkeiten werden gesucht. Ebenfalls werden weitere Schulungsmaßnahmen eingeleitet.

Schritt Neun befaßt sich mit der Entwicklung eines Fünf-Jahres-Plans. Nach erfolgreichem Abschluß der Pilotprojekte müssen die am Anfang gesammelten Daten über Dienstleistungen, Produkte und Benutzer modifiziert werden. Die Aktivitäten des TQM werden auf die ganze Bibliothek ausgebreitet und es werden Jahresziele festgelegt.

Im letzten Schritt (*Schritt Zehn*) beschäftigen sich die einzelnen Abteilungen mit der anwendung der Bibliotheksziele auf ihren Arbeitsbereich, außerdem werden weitere Qualitätszirkel eingeführt. TQM wird in der ganzen Bibliothek eingehend diskutiert.

Dieses Modell ist ein Beispiel dafür, wie ein QM-System in Form von *Pilot-Projekten* eingeführt werden kann. Kovel-Jarboe[50] nennt noch mehrere Möglichkeiten, wie man vorgehen kann: Neben dem schon angesprochenen Pilot-Projekt, gibt es den *Top-Down* Ansatz. Überall wird zur gleichen Zeit ein QM-System eingeführt. Alle Mitarbeiter werden gleichzeitig geschult. Dieses Verfahren setzt eine starke Einbindung der Bibliotheksleitung voraus. Außerdem kann es zu kurzfristigen Verlusten der Produktivität in der Umstellungsphase kommen. Ein Beispiel für eine solche radikale Umstrukturierung der Bibliothek gibt die Samford University Davis Library[51]. Dort lud man im Frühjahr 1990 Berater in die Bibliothek ein, da man ein automatisiertes Bibliothekssystem einführen wollte und ein Erweiterungsbau der Bibliothek anstand. Einer der Berater schlug eine Mitarbeiterbefragung vor. Das Ergebnis zeigte, daß die Mitarbeiter der Bibliothek frustriert waren und ein Gefühl der Ohnmacht hatten. Um diesem entgegenzuwirken wurde beschlossen mehr auf die Mitarbeitervorschläge einzugehen. Die einberufene Projektgruppe erkannte bald, daß eine völlige Umstrukturierung der Bibliothek notwendig war. Die Ziele der Bibliothek wurden neu definiert, Prozesse wurden neu überdacht: die gesamte Organisationsstruktur wurde aufgelöst und neu zusammengesetzt. Am Ende stand eine Bibliothek mit einer flachen Struktur. Sämtliche Stellen wurden als neu zu besetzen ausgeschrieben und jeder Mitarbeiter konnte wählen, wo er zukünftig in der neuen Bibliothek arbeiten wollte. Es wurde keine Stelle eingespart, allerdings existierten einige Arbeitsbereiche in ihrer alten Form nicht mehr. Auch hatte kein Mitarbeiter ein Recht auf eine bestimmte Stelle. Er konnte jedoch zwei Wunschmöglichkeiten für seinen neuen Arbeitsplatz angeben. Fast alle Mitarbeiter konnten die Stellen besetzen, die sie sich wünschten. Nur drei mußten mit der Stelle ihrer zweiten Wahl vorlieb nehmen. Seit Juni 1991 ist diese Umorganisation beendet

---

50 vgl. Kovel-Jarboe, Patricia (1996), S. 605-630
51 vgl. Fitch, Donna K. (1993), S. 294-299

und die neue Struktur und Arbeitsweise wird von den Autoren des Artikels als positiv beschrieben. So konnten zum Beispiel die Öffnungszeiten verlängert und der Service verbessert werden. Außerdem profitierte die Bibliothek bei der Einführung eines automatisierten Bibliothekssystems von diesen Erfahrungen.

Die nächste Vorgehensweise ist die Einführung eines QM-Systems durch *einzelne Abteilungen*, die TQM für sinnvoll halten. Die Bibliotheksleitung ist hierbei nicht so stark beteiligt. Der Nachteil liegt darin, daß TQM so nicht in der ganzen Bibliothek eingeführt wird.

Die dritte Möglichkeit, die Kovel-Jarboe beschreibt ist der *Bottom-Up-Ansatz*. Einzelne Mitarbeiter versuchen die Ideen von TQM in ihre Arbeit einzubauen. Vielleicht stellen sie ihren Arbeitsprozeß um, oder sie versuchen mehr benutzerorientiert zu denken. Man kann dieses als eine "Guerilla-Einführung" von TQM bezeichnen, sie setzt ein, wenn die Bibliotheksleitung sich nicht für TQM interessiert, die TQM-Vorteile aber von einigen Bibliotheksmitarbeitern erkannt worden sind.

Wie schon vorher angedeutet sind dieses nur Anregungen, welche einzelnen Schritte es zu bedenken gibt, wenn man Qualitätsmanagement einführen will. Wichtig ist, daß es sich nicht um ein Projekt handelt, daß einen zeitlichen Abschluß hat. Sind die ersten Pilotprojekte erfolgreich durchgeführt, so bedeutet dieses, die Arbeits- und Denkweise auf die ganze Bibliothek zu übertragen und permanent nach Verbesserungsmöglichkeiten zu suchen.

7.2 Probleme bei der Einführung von Total Quality Management

Daß solch eine Umstrukturierung der Bibliothek nicht einfach ist, dürfte jedem klar sein. Es gibt eine Vielzahl von Schwierigkeiten, die es zu überwinden gibt. Sie sind im Laufe der Arbeit zwar schon angeklungen, sollen aber hier noch einmal kurz zusammengefßt werden.

Zum einen liegen diese Schwierigkeiten auf der Ebene der Bibliotheksleitung. Die Bibliotheksleitung muß als Vorbild agieren, wenn sie alle Mitarbeiter überzeugen will. Zum anderen muß sie bereit sein, den notwendigen Rahmen und die notwendigen Ressourcen (Zeit, Raum, Geld) zur Verfügung zu stellen. Wichtig ist auch, daß sie den Mitarbeiter ernst nimmt. Wenn Verbesserungsvorschläge der Mitarbeiter nicht umgesetzt werden, so werden sie am Sinn von Qualitätszirkeln zu zweifeln beginnen. Auch Kontinuität ist ein wichtiger Faktor. Wenn die Leitung ständig wechselt und sich damit auch die jeweiligen Ziele ändern, sind Schwierigkeiten bei der Einführung eines funktionierenden QM-System vorhersehbar. Ein Problem ist auch, daß TQM oft als ein Projekt verstanden wird, daß nach zwei Qualitätszirkeln für bestanden erklärt wird und die Bibliotheksleitung verliert ihr Interesse daran.

Das nächste Problem stellt die Struktur der Bibliothek dar. Handelt es sich um eine stark hierarchisch ausgeprägter Struktur mit Abteilungsdenken und fehlender Kommunikation zwischen den Abteilungen, so wird es schwierig werden, den Gedanken von Teamarbeit umzusetzen.

Der wichtigste Faktor aber sind die Mitarbeiter selber. Hier gibt es eine Vielzahl von Gründen, warum sich diese gegen eine Einführung von TQM sträuben können.

- Angst der Mitarbeiter
  - davor, daß sie ihren Arbeitsplatz verlieren
  - daß sie mehr Verantwortung übernehmen müssen,
  - daß sie andere Arbeiten übernehmen müssen
  - daß sie mehr arbeiten müssen.

- weil sie ihre neue Rolle in der neuen Bibliothek nicht kennen.

- Sie sollen nun in Gruppen arbeiten, haben aber die notwendigen Fähigkeiten nicht vermittelt bekommen.

- Fehlende Informationen
  - Sie kennen die Vorteile des TQM nicht und sehen daher nicht ein, warum sie sich ändern sollten.
  - Sie haben keine Schulungen erhalten und verstehen das Prinzip des TQM nicht.
  - Die neuen Begriffe des Qualitätsmanagements und die Fachsprache, die die Bibliotheksleitung verwendet, sind unverständlich.

- Es herrscht ein feindliches Arbeitsklima zwischen den Abteilungen und man weigert sich mit anderen Mitarbeitern zusammenzuarbeiten.

- Sie fühlen sich im Stich gelassen, da die Bibliotheksleitung kein klares Ziel vorgibt.

Und einige Gründe liegen auch im TQM selber: es ist sehr zeitaufwendig, ein QM-System einzuführen. Schulungen und Qualitätszirkel nehmen viel Zeit in Anspruch aber auch die ausführliche Dokumentation der Prozesse und Arbeitsabläufe. TQM ist keine schnelle Lösung, sondern es dauert Jahre bis sich erste Ergebnisse zeigen. Das kann für viele Beteiligten frustrierend sein.

8 Qualitätskosten[52]

Wenn man TQM in einem Bibliothekssystem einführen will, stellt sich natürlich die Kostenfrage. Dabei denken viele an die Kosten für Schulungen, Qualitätshandbücher, den Zeitaufwand für Qualitätszirkel und glauben daß Qualität nur kostet, aber keinen Gewinn bringt. Es stimmt, daß mit einer Verbesserung der Qualität nicht zwangsläufig auch eine Kostenreduzierung einhergehen muß, aber sie kann durchaus stattfinden. Man hat festgestellt, daß die Kosten für schlechte Qualität im Dienstleistungsbereich bei 40 % der Personal- und Vermögenskosten liegen. Mit besserer Qualität könnten diese Kosten also gesenkt werden. Xerox gelang es zum Beispiel im Jahr 1989, seine Kosten von $ 1,05 Billionen um $ 53 Millionen zu senken[53].

Wenn man die Qualitätskosten senken will sollte man allerdings nicht mit Budgetkürzungen beginnen und Einsparungen am grünen Tisch vornehmen. Es ist wichtig, daß immer im Auge behalten wird, daß man die Kundenwünsche zur 100 prozentigen Zufriedenheit erfüllen will. Den Mitarbeitern sollte daher die Möglichkeit gegeben werden, eigenständig Verbesserungen vorzunehmen, die diejenigen Kosten reduzieren, die entstehen, wenn die Kundenwünsche nicht erfüllt werden (Nicht -Konformitätskosten). Außerdem muß den Mitarbeitern verständlich gemacht werden, daß es bei der Kostenreduzierung nicht um ein Einsparen von Stellen oder anderen finanziellen Mitteln geht. Nur dann werden sie sich auch kreativ am Gestaltungsprozeß beteiligen.

---

52 Darstellung zu diesem Gliederungspunkt nach Franklin, Brinkley (1994), S. 67-79
53 vgl. Franklin, Brinkley (1994), S.71

Man unterscheidet vier verschiedene Gruppen aus denen sich die Qualitätskosten zusammensetzen: Verhütungskosten, Prüfkosten, interne Fehlerkosten und externe Fehlerkosten. Dabei zählen die Verhütungs- und Prüfkosten zu den Konformitätskosten und die internen und externen Fehlerkosten zu den Nicht-Konformitätskosten. Diese Nicht-Konformitätskosten entstehen, wenn eine ausreichende Qualität nicht erreicht wurde.

Wie sehen nun die einzelnen Kosten aus, die in den vier Gruppen entstehen können? Hier werden nur einige Beispiele genannt, die als Denkanstoß dienen können um weitere Kosten, die in der eigenen Bibliothek entstehen können, zu definieren.

8.1 Verhütungskosten

Dieses sind Kosten, die vor der Erbringung der eigentlichen Dienstleistung entstehen. Sie sorgen dafür, daß keine Fehler entstehen und die Qualität der einzelnen Dienstleistung ausreichend ist. Diese Kosten fallen zum Beispiel durch Schulungen von Mitarbeitern an. Eine andere Möglichkeit Fehler zu verringern ist neu erworbenes Material so schnell wie möglich einzuarbeiten, damit der Nutzer einen direkten Zugriff auf das Bibliotheksmaterial hat. Es sollten die neuesten Informationen zu Bestellungen, Buchbindearbeiten und Umläufen von Literatur jederzeit griffbereit sein, um Zeitverzögerungen sowohl beim Mitarbeiter als auch beim Kunden zu vermeiden. Um zu gewährleisten, daß der Bestand nutzerorientiert aufgebaut wird ist es wichtig, effektive Informationskanäle zwischen den verantwortlichen Mitarbeitern und den Nutzern zu bilden. Weitere Kosten können dadurch vermieden werden, daß man ständig daß Bibliotheksprogramm und seine Angebote überdenkt und sogenannte "Extras", die unwichtig sind und vom Kunden nicht nachgefragt werden, aus dem Programm nimmt.

8.2 Prüfkosten

Dieses sind die Kosten, die entstehen, wenn man die Kundenzu-friedenheit und die Auswirkungen, von Maßnahmen des Quali-tätsmanagements ermitteln will. Im Bibliotheksbereich sind das die Kosten, die durch eine Leistungsmessung in der Bibliothek entstehen.

8.3 Interne Fehlerkosten

Dieses sind Kosten, die durch eine fehlerhafte Erbringung einer Dienstleistung entstehen. Diese Fehler treten zum Beispiel auf, wenn man Personal einsetzt, daß nicht für die entsprechende Stelle ausgebildet ist. Setzt man Studentische Aushilfskräfte im Auskunftsdienst ein, so müssen diese zusätzlich geschult werden, was Kosten verursacht. Auch ein nicht rechtzeitiges oder falsches Einstellen der Bücher führt zu internen Fehlerkosten, da der Nut-zer die gewünschte Literatur nicht findet. Ebenso zählen zu die-sen Kosten verspätete Fernleihen und Dokumentenlieferungen.

8.4 Externe Fehlerkosten

Dieses sind Kosten, die erst festgestellt werden, nachdem die Dienstleistung fehlerhaft erbracht wurde. So zum Beispiel werden Dienstleistungen nicht angeboten, die aber vom Nutzer ge-wünscht werden, es werden ungenutzte Dienstleistungen ange-boten, oder der Zugang zu ungenutzten Materialien ist zu teuer.

Leider ist nicht berechenbar, welche Kosten dadurch entstehen, daß einem Bibliotheksbenutzer eine falsche Auskunft gegeben wurde oder eine Publikation nicht verfügbar war.

Die folgende Grafik zeigt den Zusammenhang zwischen den Qualitätskosten und der Qualität der Dienstleistung.

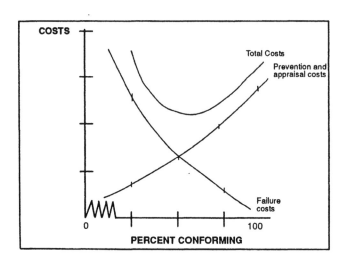

Abb. 14: Beziehung zwischen Qualität und Kosten

Hier ist zu erkennen, daß eine zu hohe Investition in die Konformitätskosten hin zu einem "Null-Fehler-Prinzip" sich nicht lohnt. Eher ist es für die Bibliothek anzustreben, einen Schnittpunkt zu finden, an dem die Konformitätskosten noch nicht übermäßig hoch sind, aber die internen und externen Fehlerkosten schon deutlich reduziert sind. Um diesen Stand zu erreichen ist aber zuerst mit einem Ansteigen der Qualitätskosten zu rechnen. Morse, Roth und Posten fassen die Entwicklung der Qualitätskosten wie folgt zusammen:

Im ersten Zeitraum sind die externen Qualitätskosten recht hoch, da die Bibliothek sich nicht um deren Vermeidung kümmert. In

110

der zweiten Phase wird mit Prüfungen begonnen, was zu einem Erkennen der internen Fehlerkosten führt. Die internen und externen Fehlerkosten beginnen in der dritten und vierten Phase mit der Anhebung der Verhütungs- und Prüfkosten langsam zu sinken. Die fünfte und sechste Phase zeigen deutlich, daß die Fehlerkosten nun zurückgehen. Außerdem kann man nun auch beginnen die Prüfkosten wieder zu reduzieren. Diese beiden Untersuchungen zeigen deutlich, daß mit einer Einführung eines Qualitätssystems auch die Kosten der Bibliothek zu senken sind. Gerade in Zeiten, in denen Bibliotheken immer wieder von Etatkürzungen betroffen sind ist dieses ein weiteres gutes Argument sich mit TQM auseinanderzusetzen. Auch wenn in der ersten Zeitspanne die Kosten ansteigen kommt es doch langfristig gesehen zu einer Senkung der Gesamtkosten.

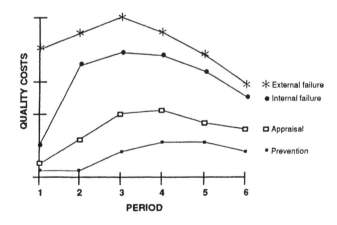

Abb. 15: Entwicklung der Qualitätskosten

9 Ausblick

So viel verschiedene Autoren es auf dem Bereich TQM gibt, so viel verschiedene Definitionen und Meinungen gibt es auch. Es gibt keine universelle Leitlinie für ein QM-System, dessen Vorgabe man einhält und augenblicklich ist eine Bibliothek neu und besser organisiert, arbeitet effektiver und verringert die Kosten. Die ISO 9000er-Serie stellt zwar einen Versuch dar, aber sie reicht nicht aus, um ein komplettes QM-System zu installieren.

Es ist erfreulich zu sehen, daß sich immer mehr Bibliothekare für das Thema TQM interessieren. Das Angebot von Fortbildungsveranstaltungen zum Thema Qualitätsmanagment wächst ständig an und auch auf Kongressen werden immer mehr Vorträge zu diesem Thema gehalten. Auch das Dbi hat auf die neusten Entwicklungen reagiert. So wurde eine Beratungsstelle "Qualitätsmanagement" eingerichtet. Man hat dazu aufgerufen Leitbilder einzuschicken, und man baut eine Datenbank zu Management, Leistungsmessung und Finanzierung für Bibliotheken auf (MALEFIZ)[54]. Auch auf europäischer Ebene wird die Entwicklung im TQM-Bereich gefördet. So gibt es ein Programm zum Thema "Decision support, performance measurement and quality management in libraries" innerhalb dessen vier verschiedene Projekte stattfinden (DECIDE, DECIMAL, EQLIPSE und MINSTREL). Alle diese Projekte arbeiten daran, ein computergestütztes Entscheidungsunterstützungssystem für Bibliotheken zu entwickeln.

Allerdings ist etwas erschreckend, daß sich die wissenschaftlichen Bibliothkem bei diesen Entwicklungen noch sehr zurückhalten. Es scheint als wäre der Druck von außen noch nicht groß genug,

---

54 vgl. Wimmer, Ulla (1997), S. 610-611

um bei den meisten Bibliotheken ein Umdenken zu bewirken. Wenn sich deutsche wissenschaftliche Bibliotheken mit TQM auseinandersetzen, so meistens unter dem Gesichtspunkt der Kostenersparnisse und der Leistungsmessung.

Am 17. April fand in Frankfurt eine Veranstaltung zum Thema "Qualitätsmanagement in Bibliotheken" statt. Im Anschluß an den Vortrag kam eine kurze Diskussion auf, die zeigte wie Bibliothekare Qualitätsmanagement verstehen. Die meisten fanden die Ideen des TQM gut und richtig und waren bereit das gehörte umzusetzen. Allerdings waren die meisten der Überzeugung, daß man eine bessere Qualität nur dann erbringen kann, wenn man mehr Geld hat: Geld für mehr Literatur, für Ausstattung und für Personal. Außerdem war die Meinung vertreten, daß die Benutzer für gute Qualität zahlen sollten. Man könne gute Recherchen nur anbieten, wenn der Benutzer bereit wäre dafür zu zahlen. Da man aber keine Gelder bewilligt bekommt und der Benutzer nicht bereit ist zu zahlen unternimmt man auch nichts und ist frustriert. Auch die Fragen was denn eine Zertifizierung koste kam natürlich auf. Wobei die Diskussion sich nur auf den Bereich der finanziellen Ausgaben bezog ohne die Vorteile zu berücksichtigen.

Auch auf dem 87. Deutschen Bibliothkartag 1997 in Dormund stand Qualitätsmanagement auf dem Programm. Es gab zwei Themenkreise die sich mit diesem Thema auseinandersetzten. Einen für das öffentliche und einen für das wissenschaftliche Bibliothekswesen, die parallel veranstaltet wurden. In den anschließenden Diskussionen wurde deutlich, daß sich schon mehrere Bibliotheken mit dem Thama Qualitätsmanagemnt beschäftigen, daß aber eine große Verwirrung in der Definition der Begriffe besteht und das jeder für sich alleine arbeitet, statt gewonnene Erkenntnisse mit anderen Bibliotheken zu teilen und mit diesen zu kooperieren.

Wenn die Bibliothekare das Angebot des Dbi annehmen und dieses als Clearingstelle für Fragen des Qualitätsmanagements nutzen, so dürfte einer weiteren Entwicklung des TQM in deutschen Bibliotheken nichts entgegenstehen. Das bedeutet aber auch, daß sich die Bibliothekare ändern müssen. Sie müssen einsehen, daß Qualität nicht an der Zahl der vorhandenen Bände gemessen werden kann, daß jeder für die Qualität seiner Arbeit selber verantwortlich ist, daß man nicht sofort auf die neuste Managementtechnik umschwenken darf und vor allem, daß man anfängt etwas zu ändern, statt immer nur zu reden.

Ich bin der Überzeugung, daß immer mehr Bibliotheken sich mit TQM beschäftigen werden. Sie werden nach einer Möglichkeit suchen, um das Fortbestehen ihrer Bibliothek zu sichern und dabei auf einzelne Aspekte des TQM zurückgreifen. Einige werden sich intensiver mit der Philosophie, die hinter TQM steht auseinandersetzen. Es ist anzunehmen, daß diese Bibliotheken als Vorbild für andere Bibliotheken dienen werden, sie liefern den Beweis, daß ein QM-System in Bibliotheken umsetzbar ist. Neben diesen Bibliotheken, die weiter bestehen und sogar die Qualität ihrer Leistung verbessern können, wird es aber auch immer die Bibliotheken geben, die nur einzelne Aspekte des TQM aufgreifen, um kurzfristig ein Problem zu lösen. Sobald das Problem gelöst ist verfallen sie wieder in ihre alte Arbeitsweise, oder sie probieren sofort jeden neuen Trend auf dem Bereich des Managements aus. Auch wenn sicherlich nicht alle Bibliotheken nun anfangen, ein QM-System aufzubauen, so machen sich doch immer mehr Bibliothekare Gedanken darüber, was sie für Aufgaben haben und für wen sie arbeiten. Ich glaube, daß dieser Gedanke, mehr auf den Benutzer und seine Wünsche einzugehen, schon einwichtiger Schritt in die richtige Richtung ist. Wie man dabei genanu vorgeht und welche Instrumente man für die Umsetzung seiner Ideen einsetzt spielt dabei – meines Erachtens – eine untergeordnete Rolle. Die Kontinuität und der Wille aller Mitarbeiter die Qualität der Bibliothek zu verbessern sind die wichtigsten Antriebskräfte.

Zitierte Literatur

Allan, Ferne C. (1993)
Benchmarking. Practical aspects for information professionals.
In: Special Libraries 84 (1993) 3, S. 123-130.

Armstrong, Barbara (1994)
Customer Focus. Obtaining customer input.
In: O'Neil, Rosanna M. Total Quality Management in Libraries: a
Sourcebook. Englewood, Colorado: Libraries Unlimited, 1994. S.
20-32.

Barnard, Susan B. (1993)
Implementing total quality management. A model for research
libraries.
In: Journal of Library Administration 18 (1993) 1/2, S. 57-70.

Boelke, Joanne H. (1995)
Quality improvement in libraries. Total quality management and
related approaches.
In: Advances in Librarianship 19 (1995), S. 43-83.

Bradley, Michael (1994)
Starting total quality management from ISO 9000.
In: The TQM Magazine 6 (1994) 1, S. 50-54.

Brockmann, John R. (1992)
Just another management fad? The implications of TQM for libra-
ry and information services.
In: ASLIB Proceedings 44 (1992) 7/8, S. 283-288.

Brophy, Peter (1996)
Quality Management for Information and Library Managers. Aldershot [u.a.] : Aslib Gower, 1996.

Bruhn, Manfred (1996)
Qualitätsmanagement für Dienstleistungen: Grundlagen, Konzepte, Methoden. Berlin [u.a.] : Springer, 1996.

Butcher, Karyle S. (1993)
Total quality management. The Oregon State University Library's experience. In: Journal of Library Administration 18 (1993) 1/2, S. 45-56.

Det Norske Veritas (1997)
Akkreditierte Zertifizierung von Qialitäts-Management-Systemen. Prospektmaterial. 1997.

DGQ (1993)
Begriffe zum Qualitätsmanagment. DGQ Lenkungsausschuss Gemeinschaftsarbeit (LAG), Dt. Ges. für Qualität e.V. [Bearb.]. 5. Aufl. DGQ-Schrift; 11,04. Berlin, Beuth, 1993.

DiMattia, Ernest A. (1993)
Total quality management and servicing users through remote access technology.
In: The Electronic Library 11 (1993) 3, S. 187-191

Ellis, Debie (1996)
Ellis, Debbie und Bob Norton. Implementing BS EN ISO 9000 in Libraries. London : ASLIB, 1996.

Eversheim, Walter (Hrsg.) (1997)
Qualitätsmanagement für Dienstleister: Grundlagen, Selbstanalyse, Umsetzungshilfen. Berlin [u.a.] : Springer, 1997.

Fitch, Donna K. (1993)
Fitch, Donna K.; Thomason, Jean; Crabtree Wells, Elisabeth (1993): Turning the library upside down. Reorganization using total quality management principles.
In: Journal of Academic Librarianship 19 (1993) 5, S. 294-299.

Franklin, Brinkley (1994)
The cost of quality. Ist application to libraries.
In: Journal of Library Administration 29 (1994) 2, S. 67-79.

Gapen, D. Kayne (1993)
Gapen, D. Kayne; Hampton, Queen; Schnitt, Sharon (1993): TQM. The director's perspective.
In: Journal of Library Administration 18 (1993) 1/2, S. 15-28.

Gimpel, Bernd (1995)
Gimpel, Bernd. Quality Function Deployment: Mit besseren Produkten schneller am Markt. Aachen, 1995.

Ho, Samuel K.M. (1994)
Is the ISO 9000 series for total quality management?
In: International Journal of Quality & Reliability Management 11 (1994) 9, S. 74-89.

Johannsen, Carl G. (1994)
Can the Iso-standards on quality management be useful to libraries and how? In: INSPEL 28 (1994) 2, S. 227-239.

Johannsen, Carl G. (1995a)
Application of the ISO 9000 standards of quality management in professional services. An information sector case.
In: Total Quality management 6 (1995) 3, S. 231-242.

Jurow, Susan (1993)
Tools for measuring and improving performance.
In: Journal of Library Administration 18 (1993) 1/2, S. 113-126.

Kovel-Jarboe, Patricia (1996)
Quality improvement. A strategy for planned organizational change.
In: Library Trends 44 (1996) 3, S. 605-630.

Lipp, H.-J. (1994)
Erfahrungen, Wege und Möglichkeiten auf dem Weg von Zertifizierung zu TQM.
In: Erffahrungen bei der Zertifizierung nach DIN / ISO 9000ff. und auf dem Weg zu TQM. VDI-Gesellscahft Systementwicklung und Projektgestaltung (VDI-GSPI). VDI-Berichte; 1161. Düsseldorf : VDI-Verl., 1994. S. 101-112.

Lohmheim, Ingar (1995)
Lomheim, Ingar; Rosvoll, Geir A.: Quality management and ist influence on service strategies.
In: IATUL Proceedings. New Series 4 (1995), S. 48-56.

Malorny, Christian (1994)
Malorny, Christian und Kristian Kassebohm. Brennpunkt TQM: rechtliche Anforderungen, Führung und Organisation, Auditierung und Zertifizierung nach DIN ISO 9000ff. Stuttgart : Schäffer-Poeschel, 1994.

Mullen, Janet A. (1993)
Total quality management. A mindset and method to stimulate change.
In: Journal of Library Administration 18 (1993) 3/4, S. 91-108.

NORDINFO (1996)
Bang, Tove [u.a.]. ISO 9000 for Libraries and Information Centres: a guide, report of a project supported by NORDINFO. FID; 713. The Hague : International Federation for Information and Documentation, 1996.

O'Neill, Rosanna M. (1988)
Total Quality Management in Libraries: a Sourcebook. Englewood, Colorado: Libraries Unlimited, 1994.

Penniman, David W. (1993)
Quality reward and awards. Quality has its own reward, but an award helps speed the process.
In: Journal of Library Administration 18 (1993) 1/2, S. 127-136.

Poll, Roswitha (1996)
Poll, Roswitha und Peter te Boekhorst. Measuring Quality: International Gguidelines for Performace Measurement in Academic Libraries. IFAL publications, 76. München [u.a.] : Saur, 1996.

Qualitätsmanagement: FIZ Chemie ist ISO 9001-zertifiziert (1997)
Qualitätsmanagement: FIZ Chemie ist ISO 9001-zertifiziert.
In: Bibliotheksdienst 31 (1997) 5, S. 931-932

Qualitätsmanagement und Statistik (1995)
Qualitätsmanagement und Statistik: Normen.Deutsches Institut für Normung e.V., Hrsg. Verfahren 3: Qualitätsmanagementsysteme. 2. Aufl. Berlin[u.a.]: Beuth, 1995.

Riggs, Donald E. (1993b)
Strategic quality management in libraries.
In: Advances in Librarianship 16 (1993), S. 93-105.

te Boekhorst, Peter (1992)
Methoden der Leistungsmessung in Bibliotheken.
In: Bibliothek. Forschung und Praxis 16 (1992) 2, S. 153-161.

te Boekhorst, Peter (1995a)
Leistungsmessung in wissenschaftlichen Bibliotheken : Neue Initiativen.
In: NfD 46 (1995), S. 121 – 126.

te Boekhorst, Peter (1995b)
Measuring quality. The IFLA guidelines for performance measurement in academic libraries.
In: IFLA Journal 21 (1995) 4, S. 278-281.

Towler, Constance F. (1993)
Problem solving teams in a total quality management environment.
In: Journal of Library Administration 18 (1993) 1/2, S. 97-112.

Wedlake, Linda J. (1993)
An introduction to quality assurance and a guide to the implementation of BS 5750.
In: ASLIB Proceedings 45 (1993) 1, S. 23-30.

Wimmer, Ulla (1997)
MALEFIZ: die Management-Datenbank für Bibliotheken.
In: Bibliotheksdienst 31 (1997), S. 610-611.

Zink, Klaus J. (Hrsg) (1994)
Qualität als Managementaufgabe. 3.Aufl. Landsberg / Lech : Verlag moderne industrie, 1994.

Darüberhinaus verwendete Literatur

Arthur, Gwen (1994): Customer-service training in Academic Libraries.
In: Journal of Academic Librarianship 20 (1994) 4, S. 219-222.

Bibliotheken '93: Strukturen – Aufgaben – Positionen. Bundesvereinigung Deutscher Bibliotheksverbände, Hrsg. Berlin [u.a.], 1994.

Brauer, R. (1995): Von der Behörde zur AG.
In: Bibliotheksdienst 29 (1995) 3, S. 495-500.

Bröckelmann, Jörg (1995): Entscheidungsorientiertes Qualitätscontrolling: ein ganzheitliches Instrument der Qualitätssicherung. Wiesbaden : Dt. Univ.-Verl., 1995.

Brockman, John R. (1991): Quality assurance (QA) and the management of information services.
In: Journal of Information Science 17 (1991), S. 127-135.

Brockman John R. (1993): Information management and corporate total quality.
In Journal of Information Science 19 (1993), S. 259-266.

Brophy, Peter (1993): Quality management. A University approach.
In: ASLIB Information 21 (1993)

Brophy, Peter (1994): The Quality program of the Library and Learning Resources Service at the University of Central Lancashire.

In: INSPEL 28 (1994) 2, S. 240-247.
Bushing, Mary C. (1995): The Library's product and excellence.
In: Library Trends 43 (1995) 3, S. 384-400.

Byrne, Alex (1995): "Best Pracrice" at the Northern Territory University.
In: AARL (1995) March, S. 17-24.

Campbell,, Corinne A. (1994): Continuous quality improvement in the Boeing Technical Libraries.
In: Bulletin of the American Society for Information Science (1994) April/May, S. 10-12.

Carbone, Pierre (1995): The Committee Draft of International Standard ISO CD 11620 on library performance indicators.
In: IFLA Journal 21 (1995) 4, S. 274-277.

Catt, Martha E. (1995): The Olympic training field for planning quality library services.
In: Library Trends 43 (1995) 3, S. 367-383.

Clack, Mary E. (1993): Organizational development and TQM. The Harvard College Library's experience.
In: Journal of Library Administration 18 (1993) 1/2, S. 29-43.

Cotta-Schoenberg, Michael (1994): The changing concept of quality in libraries.
In: INSPEL 28 (1994) 2, S. 208-210.

Cotta-Schoenberg, Michael und Maurice B. Line (1994): Evaluation of Academic Libraries. With special reference to the Copenhagen Business School Library.
In: Journal of Librarianship and Information Science 26 (1994) 2, S. 55-69.

Crosby, Philip B. (1994): Qualität 2000: kundennah, teamorientiert, umfassend. München [u.a.] : Hanser, 1994.

Cundari, Leigh und Karin Stutz (1995): Enhancing library services. An exploration in meeting customer needs through total quality management.
In: Special Libraries 86 (1995) 3, S. 188-194.

Davies, Rob (1996): PROLIB / CAMILE. Concerted action on management information for libraries in Europe.
Unveröffentlichtes Skript vom Vortrag gehalten auf dem 2. Nationalen Informationstag zum EU-Bibliotheksprogramm am 25.11.1996 in Stuttgart.

Duffek, Elisabeth; Harding, Warren (1993): Quality management in the Military. An overview and case study.
In: Special Libraries 84 (1993) Summer, S. 137-141.

Ensthaler, Jürgen, Füßler, Andreas und Dagmar Nuissl (1995): Juristische Aspekte des Qualitätsmanagements. Bundesminister für Bildung, Wissenschaft, Forschung und Technologie, 1995.

Erfolgsfaktor Servicequalität (1993): Total Quality Management (TQM) im Dienstleistungsbereich. Qualitätsmanagement aktuell.
Köln : Verlag TÜV Rheinland, 1993.

Eronina, Elena A. und Vladimir V. Komov (1994): ILL system in the network of research and sci-tech libraries of the FSU. Problems and perspectives.
In: INSPEL 28 (1994) 2, S. 282-290.

Ertel, Monika (1994): Quality Management in the Apple Library.
In: INSPEL 28 (1994) 2, S. 248-254.

Fiebig, Ingeborg (1992): Präsentation und Kontrolle von Bibliotheksleistungen durch Indikatoren.
In: Bibliothek. Forschung und Praxis 16 (1992) 2, S. 162-168.

Fisher, Shelagh und Tony Oulton (1995): Information for decision making. The DECIMAL project.
In: Library Review 44 (1995) 8, S. 10-19.

Ford, Geoffrey (1996): Service Level Agreements. Vereinbarungen über das Dienstleistungsniveau.
In: ZfBB 43 (1996) 2, S. 111-120.

Ford, Barbara (1995): Information literacy as a barrieer.
In: IFLA Journal 21 (1995) 2, S. 99-101.

Foreman, Lewis (Hrsg.) (1992): Developing Quality in Libraries: Culture and Measurement for Information Services. London : HMSO, 1992.

Frank, Robyn C. (1993): Total quality management. The Federal Government experience.
In: Journal of Library Administration 18 (1993) 1/2, S. 171-182.

Ghobadian, Abby; Speller, Simon und Matthew Jones (1994): Service quality. Concepts and models.
In: International Journal of Quality & Reliability Management 11 (1994) 9, S. 43-66.

Gilchrist, Allan und John Brockman (1996): Where is the Xerox Corporation of the LIS Sector?
In: Library trends 44 (1996) 3, S. 595-604.

Gimbel, Gisela (1995): Spezialbibliotheken. 25. Arbeits- und Fortbildungstagung der AspB / Sektion 5 im DBV.
In: Bibliotheksdienst 29 (1995) 8, S. 1302-1305.

Groenewegen, Hans (1995): TQM and Quality assurance at Monash University Library.
In: AARL (1995) March, S. 6-16.

Halle, Axel (1995): Einführung integrierter Bibliothekssysteme. Strukturveränderungen und Quality Management. Das Beispiel der SUB Göttingen.
In: Bibliotheksdienst 29 (1995) 8, S. 1258-1266.

Hernon, Peter und Ellen Altman (1996): Service Quality in Academic Libraries. Norwoos [u.a.] : Ablex Publishing Corporation, 1996.

Hornung, Michael; Staiger, Thomas J. und Frank E. Wißler (1996): Prozesse mitarbeitergerecht dokumentieren. Entscheidungskriterien für die Wahl der Dokumentationsform.
In: QZ 41 (1996) 12, S. 1374-1380.

Huesmann, Anna-Maria (1996): Lean Service. Ein Modell für wissenschaftliche Bibliotheken.
In: ABI-Technik 16 (1996) 4, S. 347-362.

Jensen, Joan D (1995): Major issues facing Australian Academic Libraries in 1993.
In: AARL (1995) March, S. 54-59.

Johannsen, Carl G. (1995b): Quality management and innovation. Findings of a Nordic quality management survey.
In: Libri 45 (1995) 3/4, S. 131-144.

Judd, Daniel K. (1995): Winder, Richard E.: The psychology of quality.
In: Total Quality Mangement 6 (1995) 3, S. 287-291.

Jurow, Susan und Susan B. Barnard (1993): Introduction. TQM
Fundamentals and overview of contents.
In: Journal of Library Administration 18 (1993) 1/2, S. 1-13.

Kamiske, Gerd F. [u.a.] (1995): Qualitätsmanagement in der
überbetrieblichen Umsetzung: Schlüsselfaktoren und Erfahrungen. 2. Aufl. Bundesminister für Bildung, Wissenschaft, Forschung und Technologie, 1995.

Keiser, Barbie E. (1993): Quality management for libraries. A
North American perspectice.
In: ASLIB Information 21 (1993)

Kinnel, Margaret (1995): Quality management and library and
information services. Competitive advantage for the information
revolution.
In: IFLA Journal 21 (1995) 4, S. 265-273.

Kooijman-Tibbles, Helen C. (1994): Quality at the Nijenrode
Library. An assessment of service by library users.
In: INSPEL 28 (1994) 2, S. 263-273.

Lakhe, R.R. und R.P. Mohanty (1994): Total Quality management: Concepts, evolution and acceptability in developing eco-
nomics.
In: International Journal of Quality & Reliability Management 11
(1994) 9, S. 9-33.

Lapp, Erdmute und Wolfram Neubauer (1994): Qualitätsmanagement als Aufgabe von Bibliotheken.
In: NfD 45 (1994), S. 263-278.

Lawes, Ann (1993): The benefits of quality management to the
library and information services profession.
In: Special Libraries 84 (1993) 3, S. 142-146.

Libraries Programme Concertation Meeting (1995): Decision Support, Performance Measurement and Quality Management in Libraries, Luxembourg 10th April 1995, Summary of a meeting. Commission of the European Communities.

Lidman, Tomas und Margareta Törngren (1994): Case study at Stockholm University Library (RUT).
In: INSPEL 28 (1994) 2, S. 255-262.

Line, Maurice B. (1994): Relating Quality Management to strategic planning. In: INSPEL 28 (1994) 2, S. 219-226.

Loney, Tim und Arnie Bellefontaine (1993): TQM training. The library service challenge.
In: Journal of Library Administarion 18 (1993) 1/2, S. 85-95.

Lux, C. (1995): Outsourcing.
In: Bibliotheksdienst 29 (1995) 1, S. 107-108.

Lynch, Richard; Bacon, Louis und Ted Barnes (1993): Creating partnerships. Forgoing a chain of service quality.
In: Journal of Library Administration 18 (1993) 1/2, S. 137-155.

Mackey, Terry und Kitty Mackey (1992): Think Quality! The Deming approach does work in libraries.
In: Library Journal 117 (1992) 9, S. 57-61.

Manning, Helen (1994): Total quality management. Not just another flavour of the month.
In: Bulletin of the American Societs for Information Science (1994) April/May, S. 9.

Martin, Di: Towards Kaizen (1993): The quest for quality improvement.
In: Library Management 14 (1993) 4, S. 4-12.

Matysek, Eugene E., Jr. (1993): Total quality management in the Defense Fuel Supply Center. Issues and observations.
In: Journal of Library Administration 18 (1993) 1/2, S. 183-190.

Mayrhofer, Max (1996): Zertifizierung nach ISO 9000. Wunschbild und Wirklichkeit.
In: QZ 41 (1996) 2, S. 168-171.

Meffert, H (1995): Dienstleistungsmarketing: Grundlagen, Konzepte, Methoden. Gabler : Wiesbaden, 1995.

Moores, Brian (1994): Concepts of quality and quality management in industry and the service sector.
In: INSPEL 28 (1994) 2, S. 211-218.

Nagle, Ellen (1996): The new knowledge environment. Quality initiatives in Health Science Libraries.
In: Library Trends 44 (1996) 3, S. 657-674.

Oppenheim, Charles und Vola Walker (1996): Evaluation of BBC Scotland Library Services.
In: ASLIB Proceedings 48 (1996) 3, S. 60-66.

Parker, Doreen (1995): TQS at the Victoria University of Technology.
In: AARL (1995) March, S. 25-32.

Paul, Meg und Sandra Crabtree (1996): Strategien für Spezialbibliotheken. Dbi-Materialien; 148. Arbeitshilfen für Spezialbibliotheken, 7. Berlin : Dbi, 1996.

Pauleweit, Karin (1995): Qualitätsmanagement, A dog is for life not for Christmas!
In: Bibliotheksdienst 29 (1995) 1, S. 113-116.

Pearson, Christine M. (1993): Aligning TQM and organizational learning.
In: Special Libraries 84 (1993) 3, S. 147-150.

Peterson, Barbara (1994): TQM at 3M. Planning with customer and staff input. In: Bulletin of the American Society for Information Science (1994) April/May, S 14-16.

Poll, Roswitha (1993): Quality and performance measurement. A German view.
In: British Journal of Academic Librarianship 8 (1993) 1, S. 35-47.

Poll, Roswitha: Qualitätsmanagement an Hochschulen.
In: ZfBB Sonderheft 59 (1994), S. 84-99.

Pritchard, Sarah, M. (1996): Determining Quality in Academic Libraries.
In: Library Trends 44 (1996) 3, S. 572-594.

Qualität und Leistung – Bibliotheken auf dem Prüfstand (1996): Beiträge zum Qualitätsmanagement in Bibliotheken. Dbi-Materialien; 150. Berlin: Dt. Bibliotheksinstitut, 1996.

Riggs, Donald E. (1992): TQM. Quality improvement in new clothes.
In: College and research Libraries 53 (1992) November, S. 481-483.

Riggs, Donald E. (1993a): Managing quality. TQM in libraries.
In: Library Administration and Management 7 (1993) 2, S. 73-78.

Rowley, Jennifer (1996): Implementing TQM for library services. The issues. In: ASLIB Proceedings 48 (1996) 1, S. 17-21.

Ruffer, Joachim (1989): Qualitätskriterien innerbetrieblicher Informationsvermittlung.
In: NfD 49 (1989), S. 309-312.

Schuhböck, Hans P. (1995): Qualitätsstrategien in der Informationsbeschaffung. Die Bedeutung von Total Quality Management für professionelle Informationsdienste.
In: NfD 46 (1995), S. 211-218.

Schwuchow, Werner (1993): Qualitätsmanagement für Informationsdienste. Philosophie der 90er Jahre?
In: Cogito (1993) 1, S. 3-7.

Secor, John R. (1994): Precarious crossroads. Time to take the road less traveled.
In: Journal of Library Administration 20 (1994) 1, S. 109-125.

Shaughnessy, Thomas W. (1995): Total quality management. Its application in North American research Libraries.
In: AARL (1995) March, S. 1-5.

Shaughnessy, Thomas, W. (1996): Introduction.
In: Library Trends 44 (1996) 3, S. 459-463.

Sidorko, Peter (1995): Academic survey at the University of Newcastle Library. In: AARL (1995) September, S. 175-182.

Sirkin, Arlene F. (1993): Customer service. Another side of TQM.
In: Journal of Library Administration 18 (1993) 1/2, S. 71-83.

Smith, Alan (1993): Are we at the mercy of quality?
In: ASLIB Information 21 (1993) 6, S.

St. Clair, Guy (1989): Interpersonal networking. It is who you know. In: Special Libraries (1989) Spring, S. 107-112.

St. Clair, Guy (1993b): The future challenge. Management and measurement. In: Special Libraries 84 (1993) 3, S. 151-154.

St. Clair, Glorian (1993c): Improving quality. Organizational benefits of total quality management.
In: College & Research Libraries 54 (1993) September, S. 370-372.

Stripling, Barbara K. (1996): Quality in school library media programs. Focus on learning.
In: Library Trends 44 (1996) 3, S. 631-656.

Strub, Melanie Z. (1994): Quality at warp speed. Reengineering at AT&T.
In: Bulletin of the American Society for Information Science (1994) April/May, S. 17-19.

Stuart, Crit und Miriam A. Drake (1993): TQM in Research Libraries
In: Special Libraries 84 (1993) Summer, S. 131-136.

Stuart, James (1993): A question of quality. BS 5750 and catalogues.
In: Catalogue and Index 109 (1993) Autumn, S. 6-10.

Sullivan, Maureen und Jack A. Siggins (1993): Total quality management initiatives in higher education.
In: Journal of Library Administration 18 (1993) 1/2, S. 157-169.

Sullivan-Windle, Barbara (1995): Cross-campus groups lead the development of quality client focused servies.
In: AARL (1995) September, S. 171-174.

Tompkins, Philip (1996): Quality in community college libraries. In: Library Trends 44 (1996) 3, S. 506-525.

Total Quality Management: the Inforamtion Business, Key Issue '92 (1993): Based on Papers given at a One Day Conference on Total Quality Management (TQM) in Library and Information Services with Additional Material, held at University of Herfordshire on 9 September at the International Library Technology Fair. 1993.

Trujillo, Amado A. (1994): Benchmarking at Sandia National Laboratories. In: Bulletin of the American Society for Information Science (1994) April/May, S. 12-14.

VDI-Gesellschaft Systementwicklung und Projektgestaltung, Hrsg. Erfahrungen bei der Zertifizierung nach DIN / ISO 9000ff. und auf dem Weg zu TQM: Tagung Dortmund, 17.11.1994. VDI-Berichte; 1161. Düsseldorf: VDI Verl., 1994.

Walch, David B. (1993): The 1986 College Library Standards. Application and utilization. In: College & Research Libraries (1993) May, S. 217-226.

Ward, Patricia L. (1995): What's happened in management in 1994? In: IFLA Journal 21 (1995) 2, S. 110-115.

Watt, Ian (1994): Quality. Taking a stand on good standard policy. In: Library Association Record 96 (1994) 6, S. 318-320.

Webb, Sylvia (1994): The big Q. Pursuing quality in libraries and information services. In: Information Management Report (1994) April, S. 10-13.

Whitehall, Tom (1992): Quality in library and information service. A review.
In: Library Management 12 (1992) 5, S. 23-35.

Whitlatch, Jo B. (1995): Customer service. Implications for reference practice. In: The Reference Librarian 49/59 (1995), S. 5-24.

Williamson, Vickiund F.C.A. Exon (1996): The quality movement in Australian University Libraries.
In: Library Trends 44 (1996) 3, S. 526-544.

Winkworth, Ian R. (1993): Into the house of mirrors. Performance measurement in Academic Libraries.
In: Britisch Journal of Academic Librarianship 8 (1993) 1, S. 17-33.

Winkworth, Ian R. (1993): Performance indicators and quality assurance.
In: ASLIB Information 21 (1993) 6, S. 250-251.

Zertifizierung und Total Quality Management oder "Wie erreicht man mehr Qualität ohne Brokratie?" (1994): Tagungsband. Herbert Schnauber und die Forschungsgemeinschaft Qualitätssicherung e.V., Hrsg. FQS-Schrift; 92,01. Berlin : Beuth, 1994.

Zink, Klaus J. [u.a.] (1994): Qualitätsmanagment in der innerbetrieblichen Umsezung: Schlüsselfaktoren und Erfahrungen. 3. Aufl. Bundesminister für Bildung, Wissenschaft, Forschung und Technologie, 1994.

Claus-Dieter Fischer

Informationsmanagement im Wandel

Praxisorientierte Lösungsansätze und Managementmodelle zur Bewältigung von Veränderungen im Informationsmanagement

Frankfurt/M., Berlin, Bern, New York, Paris, Wien, 1999.
LXVIII, 410 S., zahlr. Tab. u. Graf.
Europäische Hochschulschriften: Reihe 5,
Volks- und Betriebswirtschaft. Bd. 2422
ISBN 3-631-34212-8 · br. DM 128.–*

Die seit Jahren zu beobachtende Beschleunigung der Veränderungen in unseren Arbeits- und Wirtschaftsprozessen verlangt vom Informations-management ein Umdenken. Das in dieser Arbeit geforderte veränderungs-orientierte, strategisch-dynamische Informationsmanagement versucht, die vielfachen Schwächen des Informationsmanagements in der Unternehmens-praxis zu heilen und die erkannten Schwächen in Stärken umzukehren. Auf Basis von Situationen, Schwachstellen und Veränderungen im Informations-management werden praxisorientierte Lösungsansätze und Management-modelle erarbeitet. Diese sind eine Orientierungsleitlinie für Geschäftsfeld- und IT-Manager und erleichtern den Übergang von einem status-quo-orientierten zu einem veränderungsorientierten Informationsmanagement.

Aus dem Inhalt: Informationsmanagement im Wandel · Grundlagen für das Informationsmanagement · Situation und Schwachstellen des Informations-managements in der Praxis · Veränderungen im Informationsmanagement · Lösungsansätze zur Bewältigung von Veränderungen im Informations-management · Managementmodelle zur Bewältigung von Veränderungen im Informationsmanagement

Frankfurt/M · Berlin · Bern · New York · Paris · Wien
Auslieferung: Verlag Peter Lang AG
Jupiterstr. 15, CH-3000 Bern 15
Telefax (004131) 9402131
*inklusive Mehrwertsteuer
Preisänderungen vorbehalten